LaLaLa

ラララ親善大使

紺野 美沙子

小学館

はじめに

「なぜ紺野さんが親善大使に選ばれたのですか？」

よく質問されます。

正直に答えると、私にもわかりません。

英語は苦手だし、社交的でもないし、国際協力に特別の関心もなかった私です。

きっかけは、１９９８年の秋、突然届いた1通のＦＡＸ。

国連開発計画（英語でＵＮＤＰといいます）のニューヨーク本部から「親善大使になって下さい」という依頼でした。

青天の霹靂《へきれき》とはまさにこのこと。

国連機関、と聞いて私が知っていたのは、ユニセフとユネスコ、国連難民高等弁務官事務所くらい。

「報酬は年に1ドル。本業に支障のない程度の活動で結構です」

つまり、無理のない範囲でのボランティア活動ということ。

だったら、私にもできるかもしれません。

そう、人生何事もご縁が大切です。仕事も、恋愛も。

縁があって親善大使の依頼をいただいたのだから、こんな私でお役に立つのならお引き受けしましょう！


そんないきさつで親善大使になり、はや10年。

7つの開発途上国と地域を訪問しました。何も知らずに飛び込んだ世界ですが、私なりに見えてきたものがあります。

ひとつは、「国際協力」について。スケールが大きくて一般の人には近寄りがたい印象がありますが、決してそうではないということです。平たくいえば、国と国との助け合い、支え合いです。

電車の中で、お年寄りや体調がすぐれない人に席を譲ることと同じではないかと私は思います。

自分以外の第三者に関心を持つこと、思いやりの気持ちを持つことが大切だからです。

私たちひとりひとりが、多くの人に支えられて日々を過ごしているのと同じように、国どうしも支えあいながら成り立っているのです。

「日本は外国からエネルギーや食料を輸入しているのよ」

12歳になる息子に、話をしてもあまり関心がないようです。

「世界中には満足に食事もできない子どもたちがたくさんいるのよ」

「その話、耳にタコができた」

などといわれてしまいます。

でも、モノと情報があふれている現代のニッポンに生を受けた子どもたちにこそ、今世界で起こっていることを知ってほしいと思います。

「子どもたちにこれだけは伝えたい」

その気持ちを念頭において、これまで私が見てきたこと感じたことを記しました。

皆さんに関心を持っていただけたら、心から嬉《うれ》しく思います。

紺野美沙子

親善大使ってなぁに？

親善大使のオシゴトは、いわば「宣伝係」。

日本で一番有名な親善大使、黒柳徹子さんは、ユニセフの親善大使を２０年以上続けていらっしゃいます。

途上国を訪問した黒柳さんが、小学校や病院で大歓迎を受けたり、困っている子どもたちへの支援を呼びかける姿をテレビや新聞で目にしたことはありませんか？

黒柳さんご自身が見たこと感じたことを話すことで、国際協力の大切さについて、たくさんの人たちに関心を持ってもらう。これが親善大使のオシゴトです。

ＵＮＤＰには、さまざまな分野で活躍する６人の親善大使が任命されています。

その役割は、世界の国々の３分の２を占める開発途上国でのＵＮＤＰの活動を知ってもらうこと。身近に感じてもらうこと。

私は親善大使として一年に一度、貧困や紛争に苦しんでいる国を訪問しています。

そこで経験した、びっくりしたこと、ショックだったこと、心を動かされたことを、できるだけ多くの人にわかりやすく伝えたいと思っています。

国連開発計画（UNDP）の６人の親善大使

（就任順）

紺野 美沙子

（日本）

Konno Misako

1998年10月に親善大使に就任。

ロナルド・ルイス・ナサリオ（ロナウド）

（ブラジル）

Ronaldo

ワールドカップ・ブラジル代表のサッカー選手。
2000年2月に親善大使に就任。

ジネディーヌ・ジダン

（フランス）

Zinedine Zidane

元ワールドカップ・フランス代表のサッカー選手。
2001年3月に親善大使に就任。

ノルウェー王国　ホーコン皇太子

（ノルウェー王国）

HRH The Crown Prince of Norway

2003年10月に親善大使に就任、
2004年4月にタンザニアを親善訪問。

ディディエ・ドログバ

（コートジボワール）

Didier Drogba

ワールドカップ・コートジボワール代表のサッカー選手。
2007年1月に親善大使に就任。

マリア・シャラポア

（ロシア）

Maria Sharapova

2004年全英オープンおよび2006年全米オープン優勝の
テニス選手。2007年2月に親善大使に就任。

「写真・文章：UNDP 東京事務所紹介パンフレットより」

もくじ

はじめに　3
親善大使ってなあに?　6

カンボジア　9

カンボジアあれこれ話　10
大歓迎に大カンゲキ!?　11
悪魔の兵器　13
人間の値段　15
HIV／エイズとともに生きる　18
ガイドはいかが?　20
希望の水　22
私にできること　23
カンボジアの12歳　27

パレスチナ　28

パレスチナあれこれ話　29
にわか勉強　30
異なる景色　32
パレスチナ人の夫とともに　34
50年前からの難民　36
平和でなければ　38
パレスチナの12歳　42

ブータン　43

ブータンあれこれ話　44
ブータンまでの長ーい道のり　45
幸福な生き物たち　47
ブータンそっくりショー　49
王妃様に謁見　51
レモングラス·オイル·プロジェクト　53
環境先進国　55
やるぅ、ニッポン！　57
「足るを知る」暮らし　59
ブータンの12歳　63

ガーナ　64

ガーナあれこれ話　65
エイズ孤児の少年　66
クイーン·マザーの愛　68
ノー・リターン・ドア　70
パソコンバス　73
ガーナの12歳　76

東ティモール　77

東ティモールあれこれ話　78
巨大パパイヤのひみつ　79
ガンバレ！　ニッポンの国連人！　81
東ティモールのPKO　82
イケメン大統領　83
1ドルの重み　84
クイズ$ミリオネア　86
東ティモールの12歳　91

ベトナム　92

ベトナムあれこれ話　93
うず潮バイク　94
ハスの実の味　96
炭鉱マンの魂　98
ベトナム友好村　100
ベトナムの12歳　104

モンゴル　105

モンゴルあれこれ話　106
モンゴルの一村一品　107
モンゴルとニッポン　109
カシミア大好き！　だけど…　112
待つ暮らし、待てない暮らし　114
あなたに見せたい　116
モンゴルの12歳　119

UNDPってなあに?　122
おわりに　124

Kingdom of Cambodia

カンボジア

カンボジア王国

面積 約18,1万km²（日本の約2分の1弱）

人口 約1,380万人（2005年 IMF資料）

平均寿命 58.0歳（「2007/2008年版人間開発報告書」UNDP編）

年平均気温 約27.8℃

国土に占める森林面積 52.9%（2000年　JICA資料）

農業人口 総人口の70%（2000年　国連食糧農業機関資料）

カンボジアあれこれ話

その3 子どもたちの手の上げ方

カンボジアの子どもたちは教室で手を上げるとき、みんな人差し指をピンと立てます。

その1 カンボジア手ぬぐい・クロマー

クロマーはひとことでいうとカンボジア手ぬぐい。農家の人は、首に巻いたり、帽子がわりに頭に巻いたりします。縞《しま》模様やギンガムチェックの柄で色もカラフルです。

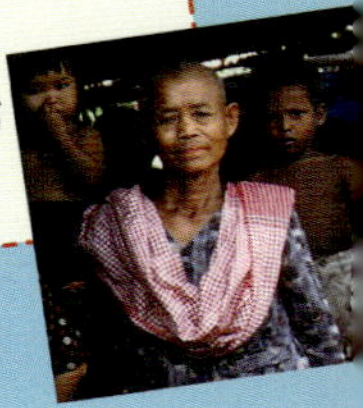

その2 お札になったODA*

日本の援助でできた「日本橋」と呼ばれている橋と「絆《きずな》橋」のふたつは、カンボジアのお札の絵柄にもなっています。それだけ現地で役に立ち、感謝されています。

その4 カンボジア水上村

カンボジアで一番大きな湖トンレサップ湖には水上生活をしている人々が多く、いくつもの水上村があります。ベトナムからの移民も多く、貧しい人々です。私が訪ねたのはプレクトアル村。果物やお菓子、子どものおもちゃなどを満載した雑貨屋さんの船が行き交っていました。

*ODA……Official Development Assistanceの略。政府開発援助。民間ではなく、政府による開発途上国への援助。

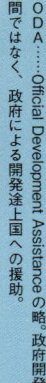

大歓迎に大カンゲキ!?

１９９９年５月、ＵＮＤＰ親善大使として初めてカンボジアを公式訪問して、そのお役目を引き受けたことを後悔しました。行く先々での大歓迎の嵐に、責任の重さをドーンと感じたからです。

まず、プノンペン国際空港で飛行機のタラップを降りると、赤いじゅうたんこそなかったものの、ＵＮＤＰの所長さんや日本大使館の方たちがお出迎え。

なんだか「ザ・要人」になった気分で、のっけから超キンチョーモード。入国の審査に行列することもなく、「こちらにどうぞ」とＶＩＰ待遇。

いちばん驚いたのは、首都のプノンペンから南に車で３時間くらいの、プレイ・クディ村という小さな集落に行ったとき。ヤシやバナナの木が点在する、平坦《へいたん》な赤茶色の大地を行くと、遠くに小屋と人だかりが見えてきました。

昼過ぎの、肌にはりつくような強い日差しにもかかわらず、人々は白いものを手にしてワイワイ集まっています。

「なんだろう?」とやじうま根性でのぞくと、全員が私の車に向かって手を振り始めたからビックリ。

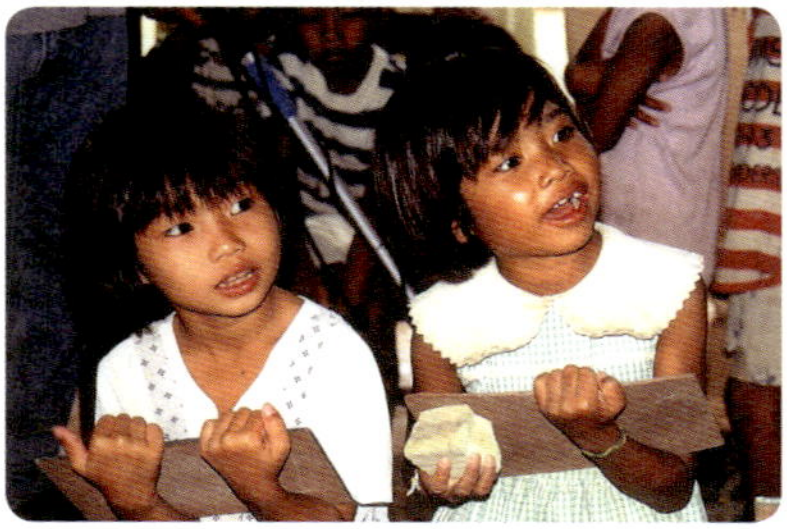

ある人は日の丸を。またある人は水色の国連旗を。

その瞬間に額からサーッと血の気がひくのがわかりました。子どもたちも、おばちゃんもおじちゃんも皆、日本からやってくる「親善大使サマ」を待っていたんです。その風景は、まるで皇室の方をお迎えするような歓迎ぶり。「わ、私はそんな身分の者じゃありません」というわけにもいかず、皇太子妃の役を演じるつもりでその場を乗りきりました。

アンコールワットの近くにある小児病院では、病院長さんが案内をしてくださいました。すると、入院中の子どもたちや付き添いのお母さんが私に、「ありがとうございます」と手を合わせるではありませんか。

「いいえ、私が病院を作ったわけでは…」ともいえませんし、ひきつった微笑でその場も乗りきりました。

カンボジアに何の貢献もしていない私が大歓迎を受けるということは、それだけ国連や日本がこの国で信頼を得ているということ。

「UNDP親善大使として私には何ができるのか」

いきなり大きな宿題を抱え込んだ気持ちになりました。

悪魔の兵器

カンボジアと聞いて、まず頭に浮かんだのは「地雷」です。地雷がいっぱい埋まっている危ない国。空港を降りたら、そこら中に地雷があるかも、と内心ビクビクでした。

それまでは、遠い国のことだし私には関係ないわ、と思っていたカンボジアの問題。

カンボジアから地雷をなくすため、たくさんの国や国際機関、ボランティア団体の人々が協力しています。今では空港にも町中にも地雷はありません。危険な区域は、地雷原であることを示すドクロマークで特定されています。

でも、危ないとわかっていても、農作物を作る畑がその場所にしかない人たちも大勢いるそうです。生活していくために地雷原に入り、被害にあう人がいると聞いて、やるせない気持ちになりました。

カンボジア地雷対策センターで、地雷について教えてもらいました。

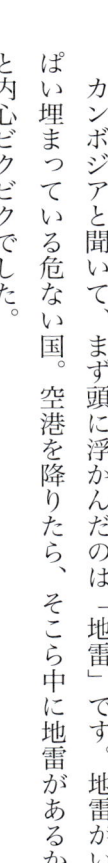

ここでは地雷を安全に取りのぞく技術者の養成や、実際にカンボジア全土で地雷や不発弾の除去作業も行っています。

へぇ、と思ったのは「地雷探知犬」。そう、地雷を探す訓練を受けている犬です。犬の嗅覚《きゅうかく》は人の百万倍以上といわれていますが、かしこいワン

コは火薬のにおいを覚え、土の中から地雷の火薬のにおいを見つけ出し、ここ掘れワンワンと知らせるのです。エライ！

地雷が「悪魔の兵器」と呼ばれていることも初めて知りました。戦争が終わってもずっと地中に潜《ひそ》んでいて、人々を無差別に殺傷するからです。

カンボジアに埋められている地雷は、いろいろな形をしています。キャンデーの小さな缶のような円筒形や、四角いふで箱のような形、直径30センチくらいの丸いお菓子の缶のようなものもあります。地雷には３００種類もあって、対人地雷と対戦車地雷があります。その名の通り、人と戦車に対するものです。

それらの実物を目にしたとたん、グッと胸がつまりました。

「これが今、同じ地球上のカンボジアという国で起こっている現実なんだ」

日本のテレビで見たときには遠い外国の出来事、対岸の火事としか感じていなかった地雷。それが目の前にありました。

カンボジアに平和が訪れた現在でも、人々を苦しめ続ける地雷。今なお毎年数百人の人々が犠牲になっています。

まさしく悪魔そのものです。

人間の値段

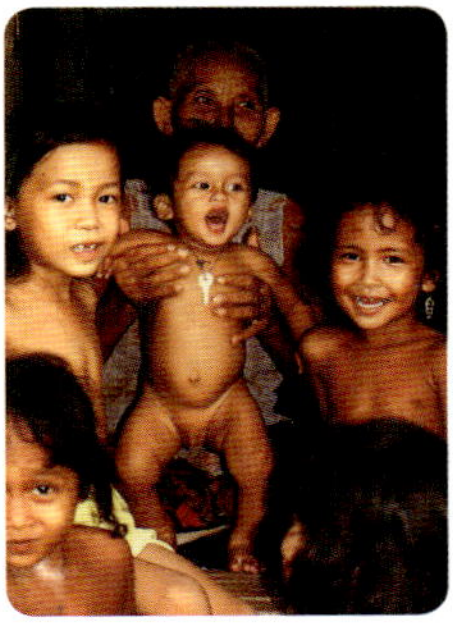

いちばんショックだったこと。
21世紀の現代に、カンボジアでは「人身売買」が存在していると聞いたときです。
さらに、人間ひとりの値段を聞いたときには、もっと驚きました。
３００～５００ドル。日本のお金にすると３万円から５万円です。流行のゲーム機と同じような値段で、人の命が売り買いされている。こんなこと信じられますか？

原因は貧困です。

貧しい人々が住む地域にやってくる人身売買の業者に、親が子どもを売ってしまう。今日食べていくお金もないほど生活が苦しい人などは、数千円で子どもを手放す場合もある、と聞きました。言葉たくみに「いい働き口がある」などと誘うこともあるそうです。

カンボジアで売られたり、誘拐された子どもたちは、おもにとなりの国・タイに連れて行かれます。そこで小さなうちはキャンデーや新聞、花売りなどをさせられます。12、３歳になると女の子は歓楽街に連れて行かれて、売春を強いられることが多いそうです。男の子は、工場や農場で長い時間働かされ、しかも働いた分のお金はほとんどもらえない。12、３歳って、

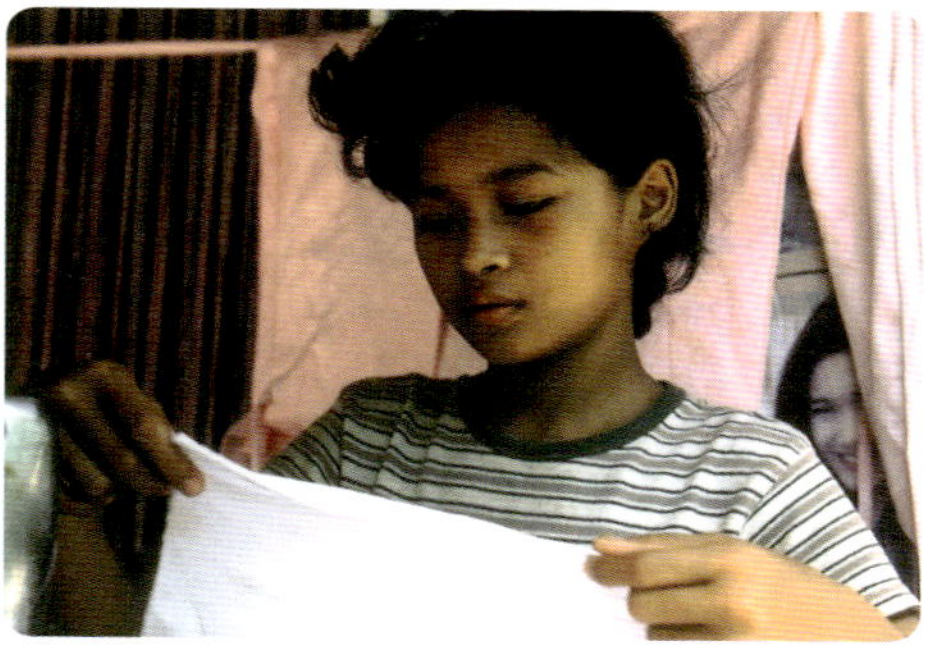

日本では小学校6年生か中学1年生なのに…。

無理やり性的な仕事につかされ、10代でＨＩＶ感染によってエイズを発症する少女も少なくありません。

私がプノンペンの「身体障害者工芸センター」で出会った20代の女性も、エイズにかかっていました。10代の頃、ずっと売春をさせられ、知らない間に感染。現在は援助団体に助けられ、カメラマンをめざして勉強中と聞きました。

センターのスタッフから「彼女は自分の将来を悲観して落ち込んでいます。親善大使、何か声をかけてあげてください」と頼まれました。

彼女は部屋の片隅で、声もなく泣いているようでした。うわべだけのなぐさめの言葉には抵抗があります。

「私には何もできないけれど、今日、ここであなたと会ったことはぜったいに忘れない。日本に帰ったら、あなたのことみんなに伝えますね」

貧しさって、若者たちの夢も奪ってしまうんです。

HIV/エイズとともに生きる

2007年8月、親善大使として再びカンボジアを訪問しました。

そのときとても印象に残ったのが、*エイズとともに生きる女性たちのための手工芸品センター。HIVに感染した女性たちにも働く場所が必要だと、UNDPがつくったばかりの工房です。まず24人が採用され、カンボジアの伝統的な布地を使ってバッグや財布を作ったり、子ども服を仕立てる仕事をしています。

どの国でも、HIV/エイズによって差別を受けることがあります。仕事や学校をやめさせられると、たちまち生活に困ってしまいます。

途上国では、もともと貧しい人がエイズによって、さらに貧しくなっています。貧困層の人々は感染を防ぐための正しい情報を得ることができなかったり、貧しさゆえに売春をする女性も多いためです。さらにパートナーの男性からうつる場合も多いと聞きました。

雑居ビルが立ち並ぶプノンペン市内の一角。優しいクリーム色をした細長いビルの4階に、手工芸品センターはありました。ダダダダダッ、と電動ミシンの音がひびき渡る部屋で、皆それぞれのミシンに向かって、ひたむきに仕事をしています。

中心は20代の女性。ピンク色の三角巾《さんかくきん》がよく似合います。お肌はぴちぴ

ち。時には笑顔でおしゃべりをしたり、アットホームな雰囲気です。月曜日から土曜日、朝8時から夕方5時まで働いて、ひと月のお給料は50ドル。彼女たちに話を聞いてみました。

「ここで働くのは楽しい。病気のことを気にしなくていいし、なんでも話し合えるから」

「友達がいっぱいできた。この工房がずーっと続いてほしい」

「子どもにキチンとごはんを食べさせられるようになったの」

ＵＮＤＰが支援してできた工房で、彼女たちに仕事と、友達と、希望が生まれたようです。どんな人でも、病気であろうとなかろうと「支えあう」ことが大切なんだと、改めて思いました。

帰る前に皆で記念写真を撮りましょうと並んだら、ひとりの小さな女性が私に抱きついてきて、ずっと離れません。彼女は、まわした手にギュッと力をこめて泣いていました。きっと、貧しさの中でＨＩＶ／エイズに苦しみ、友達もいなくなって淋しい思いをしてきたのでしょう。私の訪問が少しでも彼女の励みになれば、こんなに嬉《うれ》しいことはありません。

工房のビルを出ると、4階のバルコニーから皆が手を振って送ってくれました。

「また来てねー」「ありがとう」

こぼれんばかりの彼女たちの笑顔に、元気をもらったのは私のほうでした。

※HIVは、ヒト免疫不全ウィルスの略称で、ウィルスの名前。HIVに感染し、何年か経過すると、免疫力の低下によりいろいろな病気にかかる状態になる。これをエイズと呼ぶ。つまり、エイズは症状の名前。

ガイドはいかが？

初めての視察のとき、カンボジアでいちばんの名所、アンコールワットに行きました。遺跡の中心部に至るまでの参道には、多くの観光客とともにたくさんの物《もの》乞《ご》いの人があふれていました。地雷の被害で足に障害を負った人や、戦争で負傷した元軍人らしき人。
いわゆる「ストリート・チルドレン」と呼ばれる孤児たちも集まっていました。子どもたちは観光客を見つけてはお金をせびったり、絵葉書などのお土産を売ろうと必死です。その中で、私をぴったりマークした少年3人組がいました。年齢は12、13歳でしょうか。
「ガイドはいかがですか？」なんと日本語。

3人の名前は、ニャン、ライ、ムンタ。学校にも行っていないのに、どうして日本語をしゃべれるの？

その答えは、「生きていくため」。

世界遺産のこの場所には、世界中から観光客が集まります。もちろん日本からも。英語や日本語でガイドができれば、外国の人からチップをもらえます。だから彼らはお金を稼ぐため、ツアー客を連れた英語や日本語ガイドのそばで耳をそばだてて言葉を覚えたそうです。

「どのくらいもうかるの？」

「運が良ければ1日20ドルから30ドル。ない日も多いけどね」

リーダー格のムンタが答えました。ちなみに、この時のカンボジア公務員の平均月収が20ドルだったから、相当の高収入！

彼らのたくましい姿を見て、よくわかったことがあります。それは私も含めて多くの日本人が英語を話せない理由。学校で何年習っても、お金をかけて英会話学校に行っても、必要に迫られなければ言葉は身につかないということ。彼らの場合は、外国語を話せないとお金を稼げない。毎日食べていくため、生きるための道具なんです。

希望の水

2度目にカンボジアを訪問したとき、アンコールワットの参道からは、物乞いの人たちもガイドの子どもたちも締め出されていました。

どうしているかな、あの3人組。

でも、持ち前のド根性で、きっとどこかでたくましく生きていることでしょう。

「日本のODAで作った井戸は、15年から25年間は使用できます。安全な水が枯《か》れることなく出るんです」

途上国で井戸作り10年の大野さんは胸をはりました。日本の井戸は、地下50メートル以上掘ることで、細菌などで水が汚染される心配もなく、水枯れもないのだそうです。

「カンボジアでは色々な支援団体が、次々と井戸を作ってはいますが、もって5年ですね。壊れてしまうんです」

日本のODAの場合は、単に井戸を作るだけではなく、修理をする人の養成や、住民に対する「井戸の使いかた」マナー教室も行っています。

さすが日本ならではのキメ細やかさ！

私にできること

でも、現実は雨水を大きなかめにためて使ったり、毎日何時間も歩いて水をくみに行かなくてはならない地域がいまだに多く残されています。水くみは女性と子どもの仕事です。

そして水くみ場、といってもそこはため池だったり、川だったり。茶色くにごった水しかありません。危険だとわかっていても、その水を飲むしかないのです。

途上国では今、８秒にひとりの子どもが水に関係する病気で亡くなっています。

カンボジアには不幸な歴史があります。１９７５年から79年のポル・ポト政権時代に、収容所として使われていたトゥール・スレン博物館で、当時の生々しい記録を見ました。たくさんの罪のない人たちが捕えられ、殺されました。それは知識階級の人たちです。

たとえば、学校の先生、役人、医者、弁護士、大学を出ている人たち。伝統舞踊の踊り子のように、特別な才能や技術を持った人も、収容所に入れられたそうです。

「めがねをかけている」それだけの理由でインテリだとみなされ、殺された人もいると聞きました。国を支えるべき働きざかりの人々が不幸にも命を奪われたのです。その数はわずか4年の間に２００万人以上といわれています。

１９７９年は私が大学に入学した年です。花の女子大生ともてはやされ、お化粧したり、ブランド物に憧《あこが》れたり、グループ交際をしたり。学生の本分など忘れ、浮き足だっていました。その同じ時にカンボジアでは、一般市民が助けを求めることもできず、次々と殺されていたなんて…。視野の狭い大学生だった自分が恥ずかしくなりました。

カンボジアの大地の土は赤い色をしています。

博物館の見学を終え、表に出たとき、中庭の土も赤でした。それは、無念の思いで死んでいった人たちの血の色だろうかと感じました。

何百万もの人たちが犠牲になり、ようやく平和を手に入れたカンボジア。ぜったいにこの国は自立して幸せにならなくてはいけないと思います。

初めての視察で「百聞は一見に如《し》かず」の経験が、たかーく積み重なっ

た私。これから自分に何ができるんだろう？　カンボジアにいるあいだ、自問の日々でした。

でも、最後の夜、わかったことがあります。

それは日本のニュースがきっかけでした。カンボジアでは国際放送でNHKニュースが見られます。滞在最後の日、ホテルの部屋で夜7時のニュースを見たら、トップニュースは「トキの赤ちゃん誕生」。

日本って、なんて平和な国なんだろう。

それにひきかえ、この1週間、私がカンボジアで見てきたものは、地雷、人身売買、エイズ。日本では考えられない貧困の現実でした。

あ、そうか。

こういうことを普通の人の目線で見て、わかりやすい言葉で伝えていく役割の人が必要なんだ。だから私でいいんだ。ホントに何も知らない私だけれど、知ったかぶりをしないで、こんなこと見てきたよ、こんな風に感じたよ、と発信していけばいいのかもしれない。

親善大使としての小さな決意が芽生えたカンボジアの旅でした。

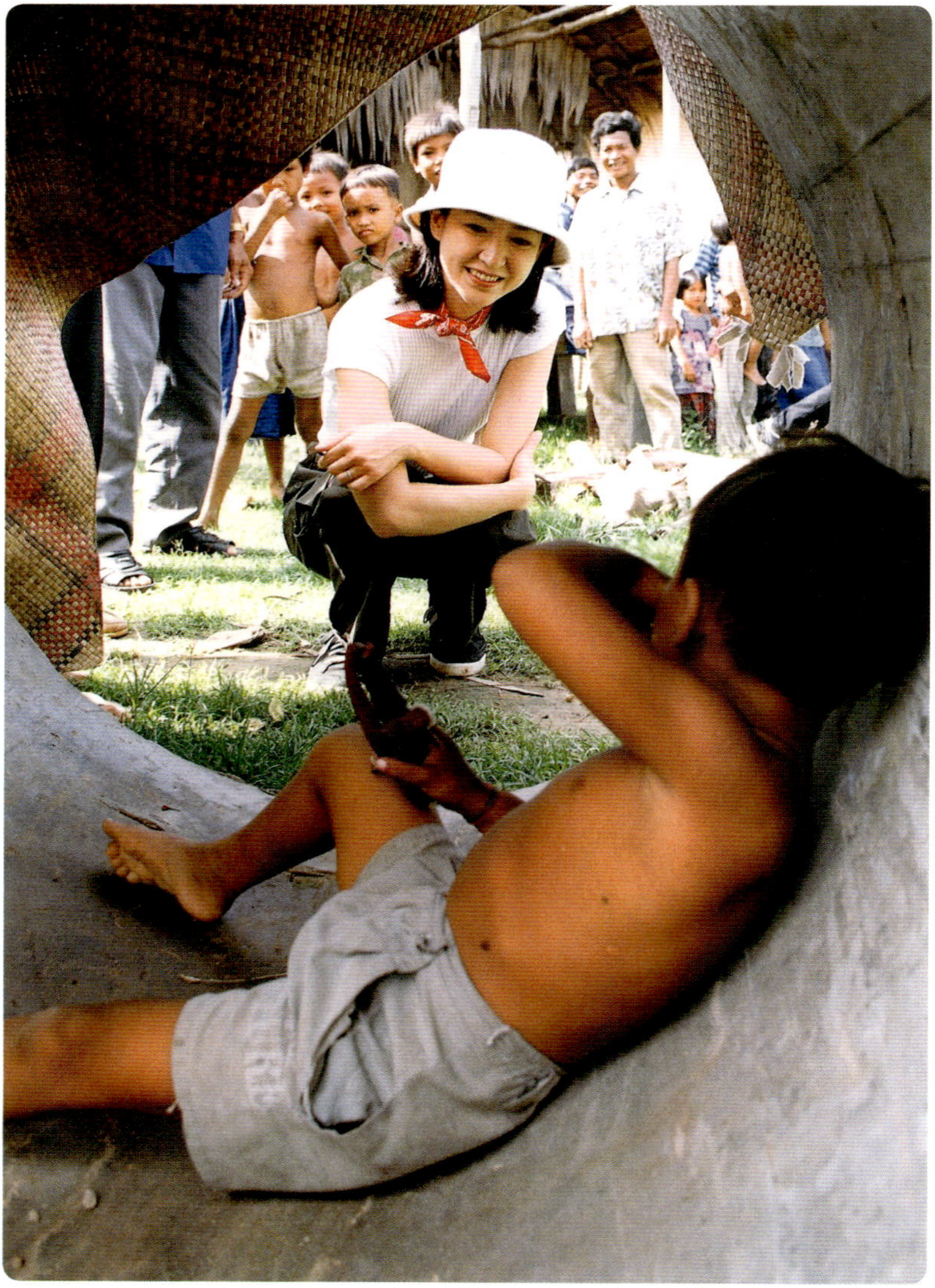

カンボジアの12歳

❶ 誕生日を教えてください
❷ 家族構成を教えてください
❸ いつもの朝ごはん・昼ごはん・夕ごはんを
　教えてください
❹ あなたの宝物は？（大切なものは？）
❺ いつも何をして遊んでいますか？
❻ 今までで一番嬉しかったことは？
❼ 今までで一番悲しかったことは？
❽ お小遣い1ドルもらったら何に使いますか？
❾ あなたの願いごとは？
❿ 将来の夢はなんですか？

ニィ　バナーちゃん

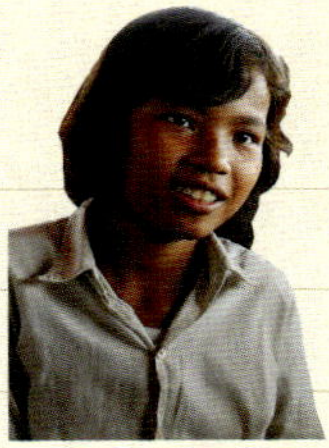

❶ 誕生日は知りません
❸ 朝・ご飯のみ
　昼・白身魚とご飯
　夜・サワースープ
❺ キャッチボールをしたり、石けりしたり
❻ 小学校の試験に合格したとき
❼ 自分の家にボートがなく、お友達の家のボートに
　乗せてもらえず、学校に行けないとき一番悲しいです
❽ 文房具が買いたいです
❾ お家がほしい
❿ 学校の先生になりたいです

ハウサ　ボーンちゃん

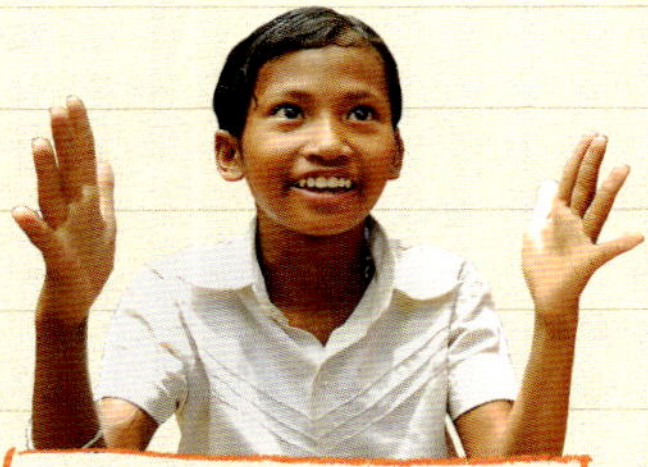

❶ 覚えていません
❷ 23歳のお姉さんとふたりで暮らしています。
　父と母は亡くなりました
❸ 朝は食べません　昼は小さいボウルにご飯だけ
　夜はカンボジアヌードル（米でできた麺）
❹ 特にありません
❺ 遊ぶ時間はありません。お掃除したり、洗濯をしたり、
　食事を作ったり、一日4〜5回、2〜3キロ離れた場所まで
　水を汲みに行きます
❻ 特にありません　❼ お母さんが亡くなったとき
❽ 鉛筆や本とか文房具がほしい
❾ 学校の制服がほしい　❿ わかりません

ジェン　ナックくん

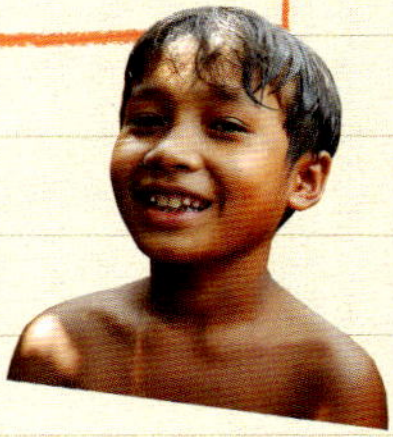

❶ 誕生日は知らない
❷ 7人家族。両親と5人の兄弟です。
　男の子はふたり、女の子は3人の4番目です
❸ 朝・ご飯とたけのこのスープ
　昼・ご飯とゆで卵　夜・ご飯とヤギ肉のスープ
❹ 学校に行くことが一番の宝物です
❺ ボール遊び
❻ お正月に、皆と伝統舞踊を踊ったこと
❼ 悲しいことは覚えていません
❽ ケーキ。文房具も
❿ 農夫になりたい。農業のことがもっと知りたいから

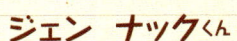

パレスチナ

パレスチナ自治区

Palestinian Interim Self-Government Authority

面積　約6,020㎢
（西岸地区5,655平方キロメートル　三重県と同程度。　ガザ地区365平方キロメートル　種子島と同程度）

パレスチナ人の人口　約1009万人（2005年末　パレスチナ中央統計局資料）

難民数　約438万人（2006年3月　UNRWA資料）
西岸71万人、ガザ99万人、ヨルダン184万人、シリア43万人、レバノン41万人

平均寿命　72.9歳（「2007/2008年版人間開発報告書」UNDP編）

失業率　28.4%（2006年末　国連人道問題調整部）

人口全体に占める15歳以下の割合　46%（2004年度版　アラブ人間開発報告書）

パレスチナあれこれ話

その2　ヨルダン川西岸第2の都市・ナブルス銘菓・クナーフェ

ナブルスの市場でクナーフェ屋さんを見つけました。甘くていい香りが通りにまで漂っていて、思わず店の奥にある工場の中へ入ってしまいました。黄色いビーフンのように細長い原料（チーズと小麦粉を混ぜたもの）を丸い鉄板のうえで焼いたお菓子。レモン汁の入ったシロップをかけて食べます。ひと口いただいたけれど、ものすごーく甘い！　アラブの人は甘党?

その1　パレスチナ刺繍《ししゅう》

ヨルダン川西岸のエルビーレという街に行きました。この街の市庁舎の中に日本のODAにより子ども図書館が作られたのです。私は市長さんから、美しい刺繍が胸元に施された民族衣装をいただきました。パレスチナの女性の民族衣装は、胸や袖《そで》、裾《すそ》に手刺繍があるのが特徴です。とても細かいクロス刺繍によって花や木、月など生活に身近なものが表現されています。

写真　水口哲二

その3　死海でプカプカ

世界最古の街、といわれるジェリコに向かう途中、死海に立ち寄りました。私も死海に入って、プカプカ浮かびながら新聞を読む、という技にチャレンジしたかったのですが、直後にお仕事が控えていたため断念しました。かわりに同行した夫がプカプカ。塩分濃度が高いため浮力が強く、ほんとに自然に浮いちゃうんです。

にわか勉強

エルサレム　旧市街

「2か国目の視察先はパレスチナに決まりました」

UNDPの清水氏からそう聞いたとき、私の頭の中は真っ白になりました。

「パレスチナって、どこ？」

パレスチナ、と聞いて頭に浮かんだのは「アラファト議長」と「パレスチナゲリラ」だけ。パレスチナの皆さん、ゴメンなさい！

「パレスチナはまだ国ではないんです。それが中東問題の難しいところなんです」

中東の専門家でもあり、とてもまじめそうでラーメンの食べ歩きがお好きだという清水氏は、さらりと言いました。

「現在はヨルダン川西岸とガザ地区がパレスチナです。パレスチナの人々は聖地エルサレムを首都とした独立国家をつくることが悲願なんです」

そんなこといわれても、さっぱりわかりません！

UNDP親善大使たるもの、最低のラインはおさえておかなくては！と思い、家の近所の図書館に出かけました。難しいことに取り組むときには、まず子ども向けの本から、という術を「科学館」という番組を担当していたときに学んだワタシ。迷わず、児童書コーナーへ。

ありました、ありました。『パレスチナの苦悩』（佑学社）。

ニュース番組に出ていらしたこともある新聞記者の方が翻訳された本です。

それによると…ふーむ、なるほど。

中東問題とは、ひとつの領土にイスラエル人（おもにユダヤ人）とパレスチナ人（おもにアラブ人）というふたつの民族が存在することによる、領土争い。

イスラエル軍の武力によって、生まれた土地を追われたパレスチナの人々が難民となり、現在のパレスチナ地区や周辺国で多くの人が貧しい暮らしを強いられている。その人たちをどうするのか。

そして、ユダヤ教、イスラム教、キリスト教という3つの宗教の聖地であり、イスラエルも、パレスチナも「自分たちのものだ」と主張している東エルサレムをどう扱うのか。

どうやら民族と、領土と、宗教が複雑に絡み合っている、2千年も昔からの争いのようです。

あームズカシイ！

でも、親善大使にならなかったら、たぶん一生関心を持たなかった問題かもしれません。

中東・パレスチナ。にわか勉強を終え、私は機上の人となりました。

異なる景色

キリストも祈りを捧げたといわれるオリーブの木。

2千年前、イエス・キリストが布教のために歩いたといわれるパレスチナの地。

ヨルダン川西岸のパレスチナ地域を車で走っていると、キリストの時代から変わっていないのでは、と思えるほど殺風景な景色が続きます。大きな岩がゴロゴロと転がる広漠たる大地。緑はほとんど見当たりません。

そんな場所にこつ然と現れるのが、高台に見える、有刺鉄線と白くて高い塀に囲まれたニュータウンらしき風景。

「あれがイスラエルの入植地です」

外務省きってのアラビア語の使い手、中川氏が説明してくれました。

パレスチナの中には「入植地」と呼ばれるイスラエル人の住む場所があり、その入り口はイスラエル軍が警備にあたり、パレスチナの人々は立ち入ることができないようになっています。この入植地も、イスラエルとパレスチナのひとつの領土をめぐる、難問題のひとつです。

現在パレスチナと呼ばれている狭い地域でさえ「すべてイスラエルのもの」と考える人たちがいて、じわじわと入植地を増やし、自分たちの陣地を広げていこうということなのでしょう。

規模の大きい入植地には学校や病院、商店など生活に必要なものはすべてそろい、小さな町のようになっているといいます。

一方、パレスチナには、医療も教育施設も物資も不足しています。農業に適さない、やせた土地が多いため、畑を作るのにもひと苦労です。井戸を掘るにも許可がいるため、水不足も深刻です。道路は、舗装されていないところが多く、すべてがデコボコ道でした。

それが一歩イスラエル側に入るとガラリと変わります。

道路は、日本と同じようにキレイに整備されています。電気もガスも水道もまったく不便のない、立派な先進国です。農業の灌漑《かんがい》システムも整っているので、緑の畑がどこまでも続いています。でも、その畑はかつてそこに暮らしていたパレスチナの人々のものだったのです。

パレスチナとイスラエルを隔てるものは、刑務所の塀よりずーっと高くて長い、分離壁だったり（私が訪問したときにはまだ建設されていませんでした）、イスラエル軍の検問所だったりします。その境を一歩越えただけで、信じられないほどの異なる景色がそこにはありました。

ぎりぎりの生活を強いられているパレスチナの人々は、日々どんな気持ちで要塞《ようさい》のような入植地や分離壁をながめているのでしょうか。

入植地の問題ひとつとってみても、ふたつの国の争いはずっと平行線のままです。

パレスチナ人の夫とともに

パレスチナのニュースを見たり聞いたりするたび、どうしているかな、と気になる女性がいます。

シホさん。大きな瞳《ひとみ》が印象的な彼女は、２０００年に私が現地を訪問したとき、通訳として同行してくれました。

パレスチナを愛し、パレスチナの平和のために力を尽くすシホさんの原動力は何なのか、同じ女性として彼女の生き方に興味がわきました。

緑が少ない乾いた大地を車で移動中、どんなきっかけで国連の仕事に興味を抱いたのか、テレビのインタビュアーのように尋ねてみました。

シホさんは小さなころから「公平な社会とは？」「正義ってなんだろう？」ということに敏感だったそうです。大学生になると、自然な流れで関心が世界に向いたとのこと。

「大学2年生のときに、イスラエルによる軍事占領に抵抗するパレスチナの人々の姿をテレビで見ました。完全武装したイスラエル兵士に対して、パレスチナの若者は素手で石を投げ、抵抗の意志を示していました」

「兵士に立ち向かうパレスチナ人の映像は、自由を求める民衆の叫びとして、パレスチナ問題を象徴するものに思えました」

四十路でやっとパレスチナ問題をかじった私と、20歳で世界に思いをはせたシホさん。まったく違うオンナの道を歩いたふたりが、中東パレスチ

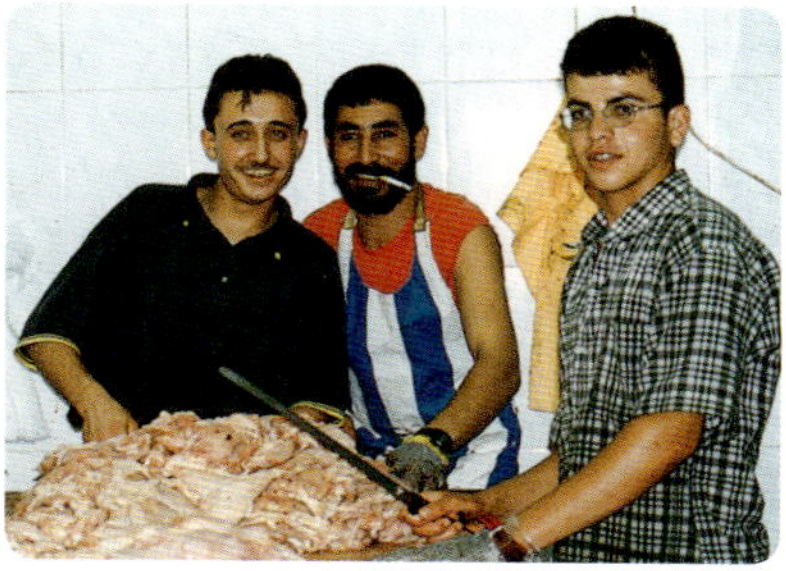

ナで出会うという人生の妙。

「私の夫はパレスチナ人なんです」

えーっ、これはまた珍しい。いったいどんなきっかけで？

「大学を卒業した年、念願のパレスチナを訪問したときです。普通のご家庭を訪ねる機会があり、そこに偶然遊びに来ていたのが彼でした」

「彼のどんなところに惹《ひ》かれたんですか？」

なんだかオバサンリポーターのような私。

「まっすぐなところかしら」

パレスチナ滞在の最終日に、お疲れさまの食事会があり、いつもよりおしゃれをしたシホさんが、ご夫妻でやってきました。お互いの信頼感がふたりのあたたかい雰囲気から伝わってきました。

日本に伝わるパレスチナのニュースは、自爆テロや、イスラエルとの武力の応酬《おうしゅう》など暗いものばかりですが、パレスチナの人々は、助け合いながら支え合いながら暮らしています。

「パレスチナの人って懐《ふところ》が深いんです。心豊かな人が多いので居心地がいいんです」シホさんはいいます。それって彼を筆頭に、ということですよね。

今回の出版を機に、久しぶりにシホさんとメールのやりとりをしました。

「日本の、特に子どもたちに伝えたいことがありますか？」

「パレスチナの子どもたちは、とても元気で、明るくて、やさしくて、かわいいです。きびしい生活、限られた機会と可能性、不透明な将来のなかでも前向きに懸命に生きている、ということを知ってほしい」

シホさん、ありがとう。

50年前からの難民

パレスチナ滞在5日目。いよいよガザ地区に入る日がやってきました。訪ねるのはガザのビーチ難民キャンプです。

難民キャンプと聞いて私が想像したのは、急ごしらえのテントや掘っ立て小屋が軒を連ね、不衛生な環境の中で暮らす人々です。たった1枚の毛布に親子がくるまって寒さをしのぐような、悲惨なイメージがありました。

ところが、ガザの難民キャンプは違いました。私たちが訪ねたのは60歳近い男性が主《あるじ》だという、堅牢《けんろう》なコンクリート造りの家でした。中に案内していただくと、一式の家財道具がそろい、部屋もいくつもあって、想像したよりかなり立派です。

「こちらには何年くらい住んでいるのですか？」

私が質問すると、ご主人は「50年」と答えるではありませんか！

そう、50年前の第1次中東戦争のときに、生まれた土地を追われて、このガザに逃げてきたというのです。

「だから私は50年間ずっと難民暮らしをしているわけです」

そういうことだったのか。私の想像していた、ふるさとを命からがら逃げ出してきたばかりの難民ではなく、彼らは半世紀にも渡って、ふるさとに帰りたくても帰ることができない難民生活を強いられてきたのでした。

神の思し召しによりふたりの女性をめとったというご主人。現在は失業中で、家族を養うのは20代半ばの長男だそうです。

５人の子持ちだという長男の方にも話を聞きました。

「水道代が月に２００シュケル（１シュケルは当時30円）、ガスボンベ代が６００シュケル。稼ぐのは縫製業の自分だけ。１日多くて40シュケル。それで家族10人が食べていかなくてはならないんだ」

ガザは失業者の多さが大きな問題のひとつで、自殺者も少なくないのだそうです。

「僕のいちばんの望みは、みんなを食べさせていくこと」

家族の期待がずっしりかかった長男の目は、暗く沈んでいました。

平和でなければ

日に日に人々の生活状況が悪くなっているというパレスチナ。難民キャンプの大家族のその後が気がかりです。

パレスチナについて何も知らなかった私。UNDPや日本がどのような支援をしているかなんて、当然わかりません。

ところがニッポン、ここでも貢献していました。

まず、ガザにある「ガザ国際空港」。

イスラエルの検問所を抜けてガザ地区から出るよりも、この空港から海外へ出るほうがたやすい、といわれていました。それほどパレスチナの人人は陸路を自由に移動することができない現実があるのです。この空港は、日本の援助で建設されました。

また、世界最古の町といわれるジェリコには、地元の人たちに「日本病院」と呼ばれ親しまれている、日本のODAでできた総合病院があります。

案内をしてくださった院長さんに「今、いちばん必要なものはなんですか？」とたずねてみました。

「自分のことはもういいのです。でも子どもたちの世代にはごく普通の、自

由な生活を送らせてあげたい」

温厚そうな院長さんは静かにそうおっしゃいました。ぜいたくを望んでいるわけではない。安全に学校に通って勉強ができること、友達と海や川や原っぱでのびのびと遊ぶこと。家族で夕ごはんの買い物に行くこと。

そんな当たり前の生活がパレスチナにはないのです。院長さんの言葉は、パレスチナの現実をひと言で表わしているようで強く心に残りました。

他にも、若者のエネルギー発散の場が少ないということでサッカー場を造ったり、ＵＮＤＰと協力して電気や水道を通したり、観光地の道路や広場を修復したり、多くの援助を行っていました。

「日本のおかげです。日本が戦後立ち直ったように、パレスチナも先進国の仲間入りを果たしたい」こんな言葉をあちこちで頂きました。

しかしそれも皆、私が訪問した２０００年7月の話。同じ年の秋から、パレスチナとイスラエルの争いが再燃し、今も続いています。私が視察をした国際空港も爆撃を受け、機能しない状態が続いているそうです。

現在はパレスチナの政治を行なう「ファタハ」と「ハマス」というふたつの勢力が対立し、パレスチナの内部でも争いが生まれようとしています。

援助をする国や地域に平和がなければ、何を積み上げても、無駄になってしまう。なんだかむなしい思いがしました。

そんな私にある日本人国連スタッフが、こういったのです。

「ドイツのベルリンの壁が壊れたように、歴史では何が起こるかわからない。イスラエルとパレスチナの問題も解決することを信じて、できることをやっていかなくては」

なるほど。難しいと投げ出すことは簡単だけれど、あきらめずに、一歩でも前に進もうと努めることが大切なのかもしれません。

必ずや平和の芽が出ることを信じて、今、世界中が力を合わせています。

パレスチナの12歳

1. 誕生日を教えてください
2. 家族構成を教えてください
3. いつもの朝ごはん・昼ごはん・夕ごはんを教えてください
4. あなたの宝物は？（大切なものは？）
5. いつも何をして遊んでいますか？
6. 今までで一番嬉しかったことは？
7. 今までで一番悲しかったことは？
8. お小遣い1ドルもらったら何に使いますか？
9. あなたの願いごとは？
10. 将来の夢はなんですか？

アフマッド　サデーク　アルシャーラウィくん

1. 1995年8月22日生まれ
2. 6人、両親と姉妹がふたり、兄弟がひとり
3. 朝は卵とチーズとフムス（ひよこ豆をペースト状にしたもの）、パンとお茶
昼はお米とチキンとペストリー、
夜は卵、白チーズ、黄色いチーズとパン
4. コンピューター、遊ぶことと勉強すること
5. サッカーとコンピューターゲーム
6. 家族で古代都市のジェリコを訪れたこと
7. 飼っている犬が死んだとき
8. 勉強と遊びのために使います
9. 外国を訪れてみたい
10. エンジニアになりたい

サバ　サブヒ　エッシードちゃん

1. 1996年2月16日生まれ
2. 6人、両親と姉妹がひとり、兄弟がふたり
3. ラバネー（白いチーズ）、
マクルーベ（野菜と肉が入った炊き込みご飯）
4. 友達からの手紙や写真。箱に入れて安全なところに保管して、たまに出して読みます
5. かくれんぼ、サッカーとバスケットボール
6. 奉仕活動に参加して学校から表彰されたこと
7. お姉さんが心臓手術の最中に亡くなってしまったこと
8. キャンデーを買います
9. 飛行機でフランスに行くこと
10. 医者になること、ユダヤ人が私たちの土地から出て行くこと

ファヘッド　オマル　カワスメくん

1. 1995年7月26日生まれ
2. 7人
3. 朝は卵と牛乳、
昼はマクルーベとお肉と野菜、
夜は軽食を食べます
4. 勉強と人々との関係
5. メールをしたり、兄弟と子どもハッピーセンターで遊ぶこと
6. パレスチナ観光協会（Union of Palestinian tourism）で銀メダルを取ったこと
7. おばあちゃんが亡くなったこと
8. 宝物入れに入れます
9. パレスチナ赤十字でボランティアをしたい
10. 医者になりたい

Kingdom of Bhutan

ブータン

ブータン王国

面積　約46,500km^2（九州の約1.1倍）

人口　約92万人（2005年　世銀資料）

平均寿命　64.7歳（「2007/2008年度版人間開発報告」UNDP編）

就労人口のうち農業従事者の占める割合　約90%（外務省資料）

国土に占める農地の割合　7.7%（2006年　外務省資料）

国土に占める森林の割合　72.5%（2006年　外務省資料）

国土の標高差　約7,400m

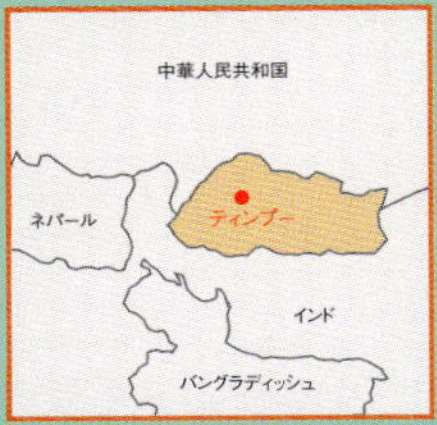

ブータンあれこれ話

その1　珍しい切手

3D切手、ホログラム切手、国王切手、なぜか北斎の切手などなど、本当にいろいろな種類があります。貴重な外貨を獲得するために、変わったデザインのものが作られるようになったそうです。

その2　ブータンみやげはコレ!

私のお気に入りはポンチュー。ブータン式お弁当箱です。竹を編んで作った大きさの少しだけ違うザルを合わせて、はめ込んで使います。模様もいろいろあって楽しいです。

その3　ブータンの織物は素敵

地方によって織り柄や材質が違います。シルクのものは柄も細かく高価です。私がお土産に購入したのは、ブムタン地方の「ヤタ」。太い毛糸　を織ったものです。女性の晴れ着を織る場合、1年以上かかるものもあります。

写真　水口哲二

ブータンまでの長ーい道のり

秘境と呼ばれるブータン。中国とインド、ふたつの大国にはさまれている小さな国。地理的にはアフリカや南米より近いのに、遠い国なんです。

２００１年6月。私はまず、成田からタイのバンコクへ飛び、そこで１泊。

翌日、ドゥク・エア（ブータン航空）という、ブータンに2機しかない飛行機に乗り、インドのカルカタ空港までたどり着きました。すると、「パロ（ブータン）空港の天候が悪いため、しばらくお待ちください」とのアナウンスが流れました。

そうなんです。ヒマラヤのふもとにあるブータン王国は、標高約１５００メートルから７０００メートルもの山岳国。空港があるパロも標高約２３００メートル。飛行機の着陸は険しい山間《やまあい》を抜けていくため、レーダーは使えず、有視界飛行に頼っています。

ですから曇って視界が悪いときは着陸できないそうです。

待合室で待つこと5時間、6時間……。ブータン関連の本や資料も読んでしまい、お腹がすいたなーと思ったころ、お弁当が出ました。それはカレー弁当！　本場インドの空港カレーはとても美味でした。

7時間が過ぎ、飛行場のランプも灯《とも》りはじめ、一行のあいだに「今夜はインドに1泊だね」とあきらめムードが漂いはじめたとき。

「今から出発します」というアナウンスが流れました。

「あー良かった」

と乗り込んだ飛行機の、な、なんと通路をはさんだお隣には、ブータンの皇太子様（２００６年王位を継承され、現在は国王）ご兄弟がお座りになっていらっしゃるではありませんか！

おふたりとも、ブータン男性の民族衣装である「ゴ」をきちんと身にまとい、英字新聞をお読みになっていました。

実はワタクシ、今回視察のひそかな目的のひとつが「ブータン国王にお目にかかること」。陛下は「ＧＮＰ（国民総生産）だけで国の力をはかるのではなく、ＧＮＨ《グロスナショナルハピネス》（国民総幸福量）、国民ひとりひとりの幸福感を大切にする」という考え方を提唱され、絶大な人気があります。

日本でも世界一若くてハンサムな国家元首として知る人ぞ知る存在。ご子息にさっそくお目にかかれるなんて、幸先のよい旅になりそうな予感。

窓に目をやると、厚い雲間にブータンの大地が見えてきました。険しい

幸福な生き物たち

パロ空港

緑の山が目前に迫っています。

すると、機体は急旋回し、山肌をなめるように谷間を降下。あっという間にパロ空港に到着しました。

着陸も大成功です。私が自宅を出てから36時間が過ぎていました。

飛行機の扉が開いてタラップを降りると、甘い草の香りに包まれ、大きく深呼吸をすると、旅の疲れがすっと軽くなりました。谷を渡る風も穏やかです。

空港には「ゴ」姿のＵＮＤＰブータン常駐代表、村田さんが出迎えてくれました。

「ようこそ、ブータンへ！　みなさん運がいいですね。ここは天候によっては入国が2、3日かかることもあるんですよ」

ブータンまでの道のりは、どうやら運次第のようです。

ブータン王国・首都ティンプーで迎える初日の朝。

宿は町の中心にある老舗《しにせ》ホテル。伝統的な木造建築の三階建てで素朴な雰囲気が漂っています。

まずはシャワーを浴びてシャキッと目をさまそうと思いバスルームへ。すると、何者かが突然、私のふくらはぎをわしづかみするではありませんか！

片方のパジャマの裾がもっこりとし、中でゴソゴソ何かがうごめいています。

「キャーッ!!」予期せぬ出来事にパニックになって飛び上がると、足元から飛び出したのは黒い物体！

「ネ、ネズミー！」

ネズミも絹を裂くような若い？女の悲鳴に驚いたのか、一瞬にして雲隠れ。ミスター・マリックもびっくりの早業です。

見ると、浴室の壁にみかん1個分くらいの穴があいていました。そこがネズミハウスの玄関なのでしょう。ネズミからみれば私の足はむっちりした大根にでも見えたのかしら。おかげで眠気は吹っ飛びました。

敬虔《けいけん》なチベット仏教の信者であるブータンの人々は、殺生《せっしょう》を嫌います。つまり、みだりに生き物の命を奪うことはご法度《はっと》。だから「ネズミ捕り」などは存在しないし、たとえネズミを捕まえたとしても殺さずに逃がしてやるのが正しいブータン人のあり方。

ブータンそっくりショー

ブータンの田舎道を歩くと、いろいろな生き物とすれ違うことができます。

4~5匹の群れとなって闊歩《かっぽ》する犬。牛、豚、羊、ニワトリなどなど。高地に住む大型の牛の仲間、ヤクもいます。みんな、のんびりと幸せそうな顔つきに見えるから不思議。ブータンの人たちは「どんな生き物でも、前世は自分の家族だったかもしれない」と思い、あらゆる生き物の存在を尊重しているそうです。

人間だけに都合の良い開発をするのではなく、ブータンのように、生きとし生けるものすべてが穏やかな顔になる環境であればいいのにな、と思いました。

ブータンの人は日本人とよく似ています。

首都のティンプーでも田舎の村に行っても、「あの人誰かに似てる！」ということがたびたびありました。

たとえば、私が訪問したときの外務大臣の方は、泉谷しげるさんそっくり。ITセンターでコンピューターの指導員をしていたのは、元横綱若乃

花の花田勝さん似。村の集会場で迎えてくれた村長さんは、漫才コンビの宮川大助花子の大助さんうりふたつ。

そして、ティンプーから車で9時間かかって到着したブムタン県の知事さんはなんと、元オフコースの小田和正さんじゃありませんか。

だんだんそっくりさん捜しが楽しくなってきて、滞在中どこに行ってもブータンの人々の顔をしげしげ眺めていました。

そのうちに気がついたこと。

ブータンの人は皆、温厚そうなお顔をしている、ということです。初対面でもすぐに心を開いて友人になれそうな誠実さがにじみでています。

ブータンと日本にはたくさんの共通点があります。まず、顔つき。そして着るもの。彼らの民族衣装である「ゴ」と「キラ」は日本の着物によく似ています。国の伝統文化を重んじるブータンでは、公の場所での民族衣装の着用が法で定められています。ですから、学校の制服も「ゴ」と「キラ」。学校によって色や柄が違っていてとてもおしゃれです。

食べ物の主食は米。ブタと呼ばれるそばやそば粉を使ったパンケーキもあります。

王妃様に謁《えつ》見《けん》

空港のあるパロは稲作が盛んな地域で、日本の里山のような景色が広がります。私が子どものころの思い出の風景、田んぼや畑のある懐かしい風景と同じです。

異国の地で、ニッポンと似たところを見つけると、とても嬉《うれ》しくなるから不思議です。私は外国に行って初めて、自分が日本人であることや、やはり日本が一番好きだということに改めて気がつきました。

日本の良さは、少しでも日本を離れると見えてくるのかもしれません。

「決してこちらから質問をしてはいけません。あくまでお話をうかがうのみです」

王妃さまにお目にかかるにあたり、その心得がＵＮＤＰの方から伝えられました。

なるほど、王妃さまにはこちらから気さくに話しかけてはいけないものなのね。お話を静かに拝聴していればよろしいのだと合点し、私は迎賓館《げいひんかん》に向かいました。

王妃さまの迎賓館《げいひんかん》

王妃とはアシ・サンガイ国王第４夫人。36歳２児の母。ワンチュク国王（当時）には第１王妃から第４王妃まで、４人の夫人がいらっしゃるのですが、４人は姉妹だそうです。同じ敷地に住まわれ仲が良く、第４王妃が公務でお忙しいときには、お姉さまたちがお子さまの世話をしてくれるそう。私も３姉妹で育ったので、親しみを感じます。

王室が客人を迎えるときに使う館の広間。若く美しい王妃さまは、ブルーとピンクを基調としたキラに身を包みさっそうと現れました。かしこまるわたしに優しく微笑むと、次々と質問をしてくださいました。

「ＵＮＤＰの親善大使としてどんな活動をなさっているの？　日本ではどんな映画に出ているのですか？」

こちらから質問を返すことは慎みましたが、思ったよりずっと親しみやすい雰囲気でした。

同じ「親善大使」ということで気遣ってくださったのかもしれません。

そうなんです。王妃さまは国連人口基金（ＵＮＦＰＡ）の親善大使として精力的に活動していらっしゃいます。

保健衛生・家族計画などの大切さを国民に伝えるため、ブータン国内の20県すべてを回ったそうです。実はこれは大変なこと。

約１５０メートルの低地から７０００メートル以上の高地まで有する国

の中を、いくつもの峠を越え、舗装などされていない道なきデコボコ道を行かなければなりません。何日も歩いてしか行けない場所が数多くあります。

そんな村々で王妃さまの訪問を受けた人々の喜びは、どれほど大きいことでしょう。

言葉だけではなく、実際に行動することが多くの人々の胸を打つもの。王妃さまのような立場にいらっしゃる方が、社会のために役に立つ活動をする。とても大事なことだと思います。

残念ながら、ブータン国王にはお目にかかれませんでしたが、王妃さまの志の高さを感じた、忘れがたいひとときになりました。

レモングラス・オイルプロジェクト

レモングラスはイネ科の植物で、香水の原料になります。日本ではアロマオイルとして、お風呂に入れたりマッサージに使ったり。レモンのような、さわやかな香りが特長です。

ブータンにはその植物が、豊富に自生していることに着目したのがUNDPです。

レモングラスの一大自生地である中央ブータンのブムタン県に、オイルを抽出する設備を見に行きました。工場というより、畑の一角に簡素な装置があるだけという眺めです。

工程は、草を刈り、蒸して、オイルと水分を分ける。と、いたってシンプル。このプロジェクトのいいところは、簡単にできて、しかも質のよいオイルがとれること。もともとあるものを利用しているので、お金がかからないこと。

生産から販売までをＵＮＤＰが手助けすることで、地方の経済の活性化につながるのだそうです。私が訪問をした２００１年当時、２００〜２５０の家族がレモングラスを栽培して、年間12〜17トンのレモングラス・オイルを生産していました。インドやヨーロッパに輸出され、それがブータンの人々に貴重な現金収入をもたらしたのです。

お土産にと、小さなびんに詰められたオイルをいただきました。２、３滴をお風呂に入れるだけで、かんきつ系の香りがふわっと広がります。

さわさわさわと風に吹かれる、レモングラス畑の香りです。

環境先進国

ブータンに行って驚きました。ごみがまったく落ちていないのです。

途上国ではどこもごみは深刻な問題。日本のような収集システムのないところが多いからです。じゃ、ブータンはどうなっているの？

自給自足の生活で、ごみになるものが少ない、ということもあると思います。でもこの国、実は「環境先進国」なんです。

まず、買い物をした商品を入れるプラスチックバッグは使用禁止という国の法律があるそうです。豊富な森林資源は厳しく管理され、むやみに伐採することは禁止されています。わずかながらも年々森林面積が増え続けている、まさに温暖化の救世主のような国なのです。

ブータンの豊かな自然を守っていく大切さを教える、環境教育も小学校で行われています。先生や国の要職につく方たちが、子どもたちとすすんで川の清掃作業などをすることで、自然を守る感覚がキチンと身につくというわけです。素晴らしい！

「ブータンの桃源郷」と呼ばれる、ポプジカという湿地帯があります。ここは冬になるとオグロヅルという珍しい鳥がヒマラヤから越冬のために飛来します。

日本でいうと尾瀬のような、さわやかな風が吹き抜ける場所にＵＮＤＰ

鶴センター（王立自然保護センター）

と地元の環境ＮＧＯが協力して、鶴の観察センターを作りました。野鳥保護と、自然を守りつつ観光客にも来てもらうためにです。

人工物は何ひとつ見えない、３６０度広がる湿地帯に円筒形の鶴センターがポツンと建てられています。私が訪問したのはオープン記念の開所式でした。

あたりには民家など1軒も見当たらないのに、大勢の人たちが建物の周囲に集まっています。皆、この日を楽しみに、何十キロも何時間もかけて歩いてきてくれたのです。お弁当を広げピクニック気分の家族や、鮮やかなキラに身を包んだご婦人たち、子どももいっぱい！

そのなかに、おそろいの黄色い格子模様の民族衣装を着た子どもたちがいました。地元の小学生たちです。私はブータンの人たちに、ニッポンの「折り鶴」を紹介したいと思い、折り紙を持参していました。さっそく、ささやかな日本・ブータン交流の始まり始まり。

驚いたことに子どもたちはみな、英語が上手。聞けば、ブータンの国語はゾンカ語ですが、授業は英語で行われているそうです。

おまけにみな手先が器用で、あっという間に折り鶴が完成しました。

やるぅ ニッポン!

ポプジカにはまだ一部しか、電気が通っていません。
「電線を張りめぐらすと、鶴が来なくなるかもしれない」と村人たちが電気をあきらめた、という話も耳にしました。自分たちの便利な暮らしより環境保護を優先させる。ブータンならではの心あたたまるエピソードだと思います。

私がブムタンで泊まったホテルにも電気はありませんでした。宿泊客は、日が暮れると1部屋ごとにオイルランプを渡され、その明かりだけで過ごします。僧院を改装したような古いホテルの部屋で、小さな灯《あか》りだけを見つめて過ごすのも、とてもいい経験でした。

山岳国のブータンに電車はありません。
国のほぼ中央を1本の大きな道路が東西に伸びています。そこから外れている村へは、歩いていきます。荷物が多いときにはロバに乗せて。起伏が激しく、移動にはとても時間がかかります。
雨の多い季節になると、あちこちで土砂崩れが起こり、村につながる1

本しかない道路が分断されると、その集落はたちまち陸の孤島になってしまいます。

いちばん困るのは医療。不便な場所になればなるほど、近くに病院もなくお医者さんもいないので、病気になったら祈るしかありません。

そこで日本とＵＮＤＰの協力で、ブータン全土の主要部に電話やインターネットの通信網が張りめぐらされたのです。これで村と都市がつながりました。個人のお家には端末がなくても、村役場に行けばインターネットを使うことができます。

これさえあれば、国会での決まりごとをはじめ、様々な情報を中央と地方が共有することができます。

また、過疎地で病人が出たとき、「こういう病状だけれど、どうしたら良いのだろうか」と、遠くにいるお医者さんに相談することができるようになりました。

日本の援助はヒマラヤのふもとの国でも、生かされています。

「足るを知る」の暮らし

ブータン王国を語るうえで欠かせないもの。

それは国王陛下が唱えた「GNH」です。グロス・ナショナル・ハピネス、国民総幸福量と訳されます。

心のなかの幸せ、本当の豊かさって何かしら。

親善の旅の目的は、その答えを見つけることでもありました。そのヒントをもらったのはブータン奥地のブムタン県です。

「私たちは必要最小限のものがあれば、それで満足する気持ちを持っています」小田和正さん似の知事さんは穏やかな表情で私に話してくれました。

「着るものも食べるものもあって、家族もいる。だからそれ以上、何も望んでいない。それはほかの世界も知ったうえで、そう思うのです」と。

知事さんの言葉を聞いて私のなかに浮かんだのは「足るを知る」という言葉。

物欲だらけのニッポンで暮らす私たちに、いちばん欠けていることなのかもしれません。

ブムタン県の農家、コタさん（65歳）を訪ねました。

コタさん一家は大家族。83歳のおばあちゃん、柄本明さんそっくりのご

主人コタさん、奥さんが2人、13人の子どもと12人の孫がいました。

私は金色に輝く大きな仏壇がある部屋に通されました。ブータンでは仏教が人々の暮らしの中に根付いているため、仏さまが祭られている部屋がいちばん大切で客間なのだそうです。

「コタさんにとっていちばんの幸せってなんですか？」

「家内安全、アクシデントがないことがいちばんの幸せです」

実直そのもののコタさんの答えです。

「いちばん、気持ちが安らぐのはどんなときですか？」

今度は子だくさんの奥様・リンデカさん（53歳）にうかがいました。

「お経を読んでいるときです」

うつむきながら恥ずかしそうに答えてくださいました。農作業で真っ黒に日焼けした顔。たくさんの子どもたちに囲まれ、片時も休む暇がないのでしょう。そんな彼女が最も心落ち着くのは、経典《きょうてん》に触れているときなのだそうです。仏教はこの国の人々の心のよりどころになっているのだなと、あらためて感じました。

23歳の息子、ノルブ君に何かほしいものがあるか聞いてみました。

「自分の将来の夢が実現すればそれで満足です」

けっして無理をしてそう答えているわけではなく、彼らは本当に無欲な

人々のようです。

大家族の中心は83歳のおばあちゃん。農作業を手伝い、保存食作りをはじめ、生活の知恵袋のおばあちゃん。子どもたちや孫たちと支え支えられ、心が満たされているからこそ、ほのぼのといいお顔になるのでしょうね。

家族のつながりを何よりも大切にし、お年寄りが尊敬される国、ブータン。

考えてみると、それは昔の日本そのもののように見えました。

日本人がブータンで懐かしさや豊かさを感じるのは、私たちが経済発展と引きかえに失ってしまったものが、ここにあるからなのかもしれません。便利さは手に入れたけれど、人と人とのつながりはどんどん希薄になっている日本。

ブータンで出会った人誰もが、急いだ開発や発展よりも、日々、心穏やかに暮らすことを望んでいるのだと感じました。

人と比べることなく、自分自身の幸せのものさしを大切にする。そして感謝の気持ちを持ち続けること。

それが心の豊かさなのかもしれません。

BP-1-4461

ブータンの12歳

1. 誕生日を教えてください
2. 家族構成を教えてください
3. いつもの朝ごはん・昼ごはん・夕ごはんを教えてください
4. あなたの宝物は?(大切なものは?)
5. いつも何をして遊んでいますか?
6. 今までで一番嬉しかったことは?
7. 今までで一番悲しかったことは?
8. お小遣い1ドルもらったら何に使いますか?
9. あなたの願いごとは?
10. 将来の夢はなんですか?

ツェーリン トグバイくん

1. 1995年6月9日
2. お父さん、お母さん、兄がふたり、弟がひとりいます
3. 朝はパンと中国茶、昼と夜はお米とカレー
4. ギターと音楽と描いた絵です
5. ギターを弾いたり、似顔絵を描いたりしています
6. 進学試験をよい成績で通ったとき
7. 大好きな叔母さんが交通事故で亡くなったこと
8. 学校で必要なものを買います
9. 弁護士か建築家かアーティストになりたい
10. よいプロフェッショナルとして国と両親のために働くこと

ツェーリン デキちゃん

1. 1995年6月28日
2. お父さんとお母さんと兄弟がひとり、姉妹がひとりいます
3. お米とカレー
4. 家族 5. バドミントンをして遊びます
6. これから未来にきっと楽しいことが待ち受けていると思います
7. ペットの犬が死んだとき 8. 本を買います
9. クラスで一番になること
10. オックスフォード大学で学びたい

ペマ チョデンちゃん

1. 1995年6月13日
2. ひいおばあちゃん、おじいちゃん、おばあちゃん、お母さんと姉妹がふたり、いとこがひとりいます
3. お米とカレー 4. 友達と家族
5. 卓球をして遊びます 6. 大切な家族がいること
7. おじいちゃんのお母さんがとても若くして亡くなってしまったと聞いたこと
8. 貯めておきます
9. この国のさまざまな崩壊がなくなること
10. がんばって勉強して環境エンジニアになりたい

ガーナ

ガーナ共和国

Republic of Ghana

面積 238,537 km²（日本の約3分の2）

人口 約2,300万人（2007年 UNFPA）

平均寿命 59.1歳（「2007/2008年版人間開発報告書」UNDP編）

農業人口の割合 55.4%（2003年　国連食糧農業機関資料）

年間平均気温 27.1℃（2006年末　国連人道問題調整部）

主要輸出品 金、カカオ豆、カカオ製品、木材

ガーナあれこれ話

その1 ガーナといえば野口英世博士

黄熱病の研究と治療のために、博士がガーナに渡ったのは1927（昭和2）年。その翌年、自らも黄熱病にかかり亡くなりました。ガーナには日本のODAによって建設された野口英世医学研究所があり、現在は博士の遺志をつぐガーナ人研究者が中心となり、感染症（HIV／エイズ、マラリア、結核等）の研究が進められています。

私が子どものころ、初めて読んだ伝記は「野口英世」です。その偉大さを改めて感じました。

その2 なんでも頭の上

ガーナの人はみんな、なんでもかんでも頭の上にのせて運びます。大勢の人が集まるマーケットでは、大きなアルミのたらいに果物や魚などを入れたものを頭にのせて運んでいました。中にはダブル！ 2段重ねの人も。どうして落ちないのかしら?

青年海外協力隊の情報によると、ペットボトル1本だけのせている人を見かけたことがあるらしい。

エイズ孤児の少年

アフリカではＨＩＶ／エイズが大きな問題です。

エイズで親を亡くす孤児たちも増え続けています。２００５年の調査で、アフリカのサハラ砂漠より南の地域の国々では、こんな結果が出ています。12歳から17歳の子どもの５人にひとり、６歳から11歳の子どもの６人にひとりが、エイズがおもな原因で親を失っているのです。（『ユニセフ世界子供白書２００７』）

孤児の中には、ＨＩＶ／エイズとともに生きる子どももいます。母子感染といって、赤ちゃんがお母さんのお腹にいるときに、母親のウィルスが子どもにも感染してしまう場合があるからです。

親を失い、ますます貧しくなり学校に行けない子ども。地域で差別を受けたり、いじめにあう子どももたくさんいるそうです。

ガーナも例外ではありません。

私が訪ねたマンヤ・クロボ地区にはおよそ６００人の、エイズ孤児たちがいます。おそろいの極彩色のシャツを着た子どもたちが、歌や踊りで、私たちを大歓迎してくれました。

「エイズは、手をつないでも一緒にごはんを食べても、うつらないんだよ」

病気についての正しい知識を伝える歌をうたいながら、一生懸命、笑顔で踊ってくれました。

つぎに、子どもたちが横一列に並んで、ひとりずつ私に向かって話を始め、その中の10歳くらいの少年が、まっすぐに私の瞳を見つめて言いました。

「ある日突然、エイズが僕の村にやってきて、ぼくのお父さんお母さんを奪っていった。僕は何も悪いことしていないのに。僕はエイズが憎い」

そして、こう続けました。

「でも、国連の親善大使が村に来てくれたから、僕たちはもう大丈夫」

その屈託のないひと言が私の心にずっしりと根を下ろしました。

自分の目の前に今、助けを求めている子どもたちがいる。同じ時を生きている人間として、少しでも余裕があるのならば手を差しのべるのは当たり前、という気持ちが心の底からわいてきました。

幼い彼らの生活をすぐに改善することは、私にはできません。でも、アフリカのあちこちでＨＩＶ／エイズに苦しんでいる人が大勢いるということ、貧しさゆえ治療を受けられない人、薬を買うことができない人、仕事を失った人、お父さん、お母さん、大切な家族を亡くした人たち。その事実をひとりでも多くの人たちに伝えることはできます。

関心を持ってくれる人たちが増え、ひとりひとりが世界中で苦しんでいる人たちの痛みを感じて行動してくれたら、何かが変わってくるかもしれません。

私がこの本を世に出したい、と思ったいちばんのきっかけは、ガーナで出会った、ひとりの少年の言葉です。

クィーン・マザーの愛

ガーナの人たちは、困ったときはお互いさま、という助け合いの精神を持っています。たとえば、誰かがお金をもうけたら、ひとりじめをしないで、みんなで分けあって暮らしていこうと考える。

それはエイズ孤児の問題でも同じです。マンヤ・クロボ地区で孤児たちが増えたとき、地域を治める首長さんはこう考えました。

「地域の子どもは自分の子ども同然。だったら、子どもたちを地域の力で救おう」

そこで白羽の矢が立てられたのが「クイーン・マザー」と呼ばれるおばさまたちです。彼女たちは、経済的に少し余裕がある家庭の婦人会のみなさん。首長の相談をこころよく受け入れたそうです。

「私たちが、1家庭あたり6人のエイズ孤児たちを引きとりましょう」

家には5人も6人も子どもがいるのに、みな、新たに6人の子どもの里親になり、自分の子どもと同じように育てているというのです。

なんという太っ腹！　なんというエネルギー！　私など、ひとり息子の子育てだけで、日々手いっぱいです。ひとりで良いから引きとって、といわれても自信がありません。

親善大使としてガーナに行くと決まったとき、正直いって不安でした。地理的にも、文化的にも日本からあまりにも離れているアフリカ大陸。自分とはまったく違う価値観で生活している人々、という先入観がありました。

ところがこのクィーン・マザーのおばさまたちと出会って、その思いは吹っ飛びました。正装で私を歓迎してくれた彼女たちは、みなかっぷくが良く原色のドレスが映えます。誰もが親しみあふれる笑顔で、心から私を抱きしめてくれました。

なんだか懐かしい親戚のおばさまたちに再会したような、ふるさとに戻ったような気がしました。肌の色が違っても、言葉がわからなくても、心と心は通じる。そう実感できた嬉《うれ》しい出会いでした。

日本では、地域の助け合いがどんどん薄れているのに、途上国のガーナでは、人と人とが助け合って生きることが当たり前のように行われています。そのことに熱く心が動かされました。

私はクィーン・マザーの最高位の長老から「ナナ・ラコ」という称号をいただきました。いわば名誉クィーン・マザーです。

「あなたの立場でできることをやればいいのよ」

そう、背中を押された気がします。

ノー・リターン・ドア

思わず立ちすくんだ場所があります。

ユネスコの世界遺産にも指定されているケープ・コースト城の中の、ひとつのドアの前でした。そのドアには小さなプレートが添えられています。

「DOOR OF NO RETURN（ノー・リターン・ドア）」

このドアを開けたら、二度と戻ることができない、という意味です。おもに17世紀から18世紀にかけて、アフリカ各地から、年齢・性別を問わず、たくさんの人が奴隷の仲買人によって集められ、城の中の地下室に閉じ込められました。

トイレなどない、狭くて暗い部屋にすしづめにされ、おぞましい住環境にひと月以上耐えた者だけが、おもにアメリカ大陸に売り飛ばされました。反抗した者は、真っ暗な牢屋《ろうや》に閉じ込められて死んでいったそうです。

私は、なんとか身動きができるほどの牢屋に入ってみました。見ると、壁には無数の爪あとが残されています。奴隷にされた人たちの、絶望の傷。あまりに恐ろしくて息がつまり、すぐさま表に飛び出しました。

「当時、奴隷船は、浮かぶ棺おけとも呼ばれていました」

私たちを案内してくれた地元ガイド、ケープ・コースト大学の学生、ピーターさんが教えてくれました。ひどい扱いで、船の中で絶命する人も多かったのでしょう。

私の頭に浮かんだのは、テレビドラマのワンシーンです。アメリカのテレビドラマ「ルーツ」が日本で大ヒットしたのは、私が高校生のときでした。奴隷にされた、ひとりのアフリカ人男性の生涯を描いた作品です。

その中で、主人公のクンタ・キンテが奴隷船の中で手かせ足かせをはめられ、絶望するシーンが忘れられません。何百万人ものクンタ・キンテが、二度と戻ることのない祖国の、このドアを通り抜けて行ったのです。

ノー・リターン・ドア。

後からそう呼ばれたに違いありませんが、あまりにも悲痛な響きです。おそるおそるドアの外をのぞくと、そこには手こぎのつり船や、網が置かれた砂浜が広がっていました。

城の中には、黒人の観光客の姿が目につきます。沖を見つめ、涙する人もいます。おもにアメリカから、自分のルーツを求めて訪れる人が多いと聞きました。

どんなに悲しい歴史があっても、アフリカでは今なお、同じことが繰り返されています。

人身売買。

銃を持たされ、兵士にされる子ども。工場や農場で働かせるため誘拐される子どももいます。その原因になっているのは、貧しさです。

ユニセフの推定では、毎年18歳未満の子ども、およそ１２０万人が人身売買の被害を受けています。

パソコンバス

私たちの暮らしの必需品になったパソコン。小学校でパーソナルコンピューターを使った授業が行われていることは当たり前になりました。息子が通っていた小学校でも、パソコンを使ってお絵かきをしたり調べものをしたり、生徒たちはみなパソコンに親しんでいました。

でも世界には、パソコンなど見たこともない人がたくさんいます。当然、パソコンを使って情報を得ることなどできません。ＩＴ（情報技術）の格差が世界中に広がっているのです。

この格差を少しでも縮めるためにＵＮＤＰが進めているプロジェクトが、移動ＩＴ教室のプログラムです。途上国で、パソコンを積んだバスが巡回して、先生や生徒たちにＩＴの技術を経験したり学んだりしてもらうのが目的です。技術を身につけることによって、職業の選択肢《せんたくし》も広がります。バスにはパラボナアンテナもついているので、インターネットで世界とつながることもできます。

ガーナでもパソコンバスは大活躍しています。西アフリカの優等生と呼ばれているガーナは、とても教育熱心で、都市部ではパソコンを使える企業や学校も多いし、指導者もいます。でも地方ではそうはいきません。パソコンバスは地方を巡回して、学校の先生、看護師さん、学生などにトレーニングの機会を与えています。

私は、中学生が講習を受けているバスに乗り込みました。中型のバスはパソコンと生徒でギュウギュウ。大変な熱気です。みな真剣なまなざしで、電子メールを打つ訓練をしていました。ぎこちなく指を動かしながら、小さな画面を食い入るように見つめています。

「ミサコサン、メルアド教えてください」

みな、はにかんだ笑顔で声をかけてくれました。ガーナの中学生とメル友になれる日も近そうです。

小さな四角い画面が世界をのぞく窓になり、そこから様々な知識や情報を得ることができる。その窓が、人と人、お互いの違いを知り、お互いの理解を深めるものに使われたら、どんなにいいでしょう。

パソコンバスは、希望をのせてアフリカの大地を今日も走り続けています。

ガーナの12歳

1 誕生日を教えてください
2 家族構成を教えてください
3 いつもの朝ごはん・昼ごはん・夕ごはんを教えてください
4 あなたの宝物は?（大切なものは?）
5 いつも何をして遊んでいますか?
6 今までで一番嬉しかったことは?
7 今までで一番悲しかったことは?
8 お小遣い1ドルもらったら何に使いますか?
9 あなたの願いごとは?
10 将来の夢はなんですか?

マイルダ ケイちゃん

1 1995年2月7日生まれ
2 お父さんとお母さんと姉妹がふたり、兄弟がひとりいます
3 朝はカラス麦とパン、
お昼はお米にシチュー、
夜はカラス麦とパン
4 教育
5 サッカー
6 友達のお誕生会に行ったこと
7 友達にバカにされたこと
8 食べ物を買います
9 お母さんが豪邸を建ててくれること
10 パイロットになること

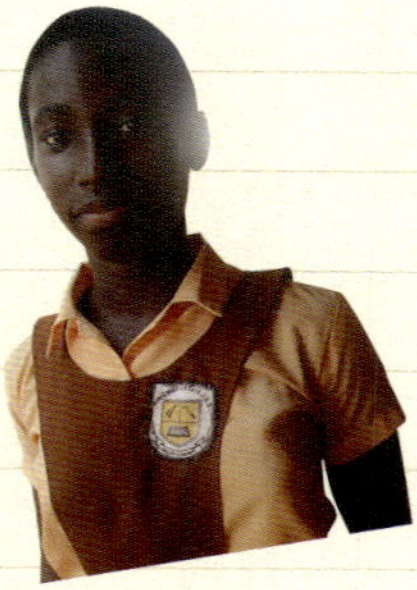

バーナード サルフォくん

1 1995年5月5日生まれ
2 お父さんとお母さんと姉妹と兄弟が1人ずついます。
3 朝はお茶とパン、
お昼はお米にシチュー、
夜はフフ（ヤムイモなどを杵《きね》でついたもの）と軽いスープ
4 教育
5 サッカー
6 故郷へ旅したこと
7 ??
8 自転車を買うための貯金に足します。
9 自転車がほしい。
10 銀行の支店長になりたい

1 1995年8月6日生まれ
2 お父さんとお母さんと姉妹がひとりいます
3 朝はお茶とパン、
お昼はお米にシチュー、
夜はバンク（発酵させたとうもろこしの粉を練りながら茹《ゆ》でたもの）とオクラのスープ
4 教育 5 サッカー
6 ボルタ地域へ旅行に行ったこと
7 お父さんが私をおいてパーティに行ってしまったこと
8 5ドル貯まるまで待って、食べ物を買います
9 両親がイギリスに住んでいたらいいなと思う
10 客室乗務員になりたい

オーガスティナ テテちゃん

The Democratic Republic of Timor-Leste

東ティモール

東ティモール民主共和国

面積

約1万4,000km²

長野県と
ほぼ同じ大きさ

平均寿命

59.7歳

（「2007/2008年版
人間開発報告書」UNDP編）

人口

約104.1万人

（2007年　推定）

国民総生産

3億5,000万ドル

（2005年　世銀資料）

独立

2002年

東ティモールあれこれ話

その1　特産品はタイス

タイスは、東ティモールの伝統的織物です。それぞれの地方に特色ある柄があります。国会議事堂には、13ある州の代表が集まっている、ということの象徴として、色とりどりのタイスが飾られています。

その2　山奥の宅急便!?

山の中でクロネコヤマトの宅急便の車を発見。赤道直下の国にまで配達している、わけではモチロンありません。日本の中古車は性能の良さから、途上国では大人気。でも、外国で漢字が書かれた車に出合うなんて、オモシロイ。

その3　若いパワーがあふれる国

東ティモールの人口の約半数が18歳以下の若者たちです。サッカーが大人気で、町のあちこちでボールを追う子どもたちの姿が見られます。それも平和があってこそ。インドネシア統治下では外で自由に遊ぶ子どもの姿は見られなかったとか。のびのび遊ぶサッカー少年少女は平和の証《あかし》なのですね。

巨大パパイヤのひみつ

東ティモールは、２００２年にインドネシアからの独立を勝ちとり、誕生したばかりの新しい国です。普通は「ゼロからのスタート」といいますが、ここはマイナスからスタートした国といわれています。それほど、貧しい国です。

独立をして、最初に困ることのひとつは、国民の仕事がないことです。特に兵士だった人たちには職がありません。そこで元兵士の人たちに手に職をつけてもらおうと、農業訓練が行われています。

このプログラムの中心になっているのはオイスカという日本のＮＧＯです。日本の得意分野でもある農業で、まずやせた土地を耕し、気候風土に合った果物や野菜の栽培方法を教え、農業で自立できる人材を育てるというものです。

当時の責任者は、新屋敷さんとおっしゃる、おヒゲがチャーミングなおじさま。元兵士の皆さんの合宿生活のお世話をしつつ、農業の技術も教えるという八面六臂《はちめんろっぴ》の活躍です。

私は日本の*ＯＤＡ民間モニターの皆さんとオイスカの農場を訪問しました。数年前には、石がごろごろ、雑草しか生えていなかった土地とは思えないほど、広い農場にはさまざまな作物がたわわに実っていました。

バナナ、マンゴー、オクラ、赤唐辛子、赤たまねぎ、トマト、ナスなどなど。中でも目を見張ったのは、パパイヤです。

これが本当にパパイヤ!?　だって見たこともない大きさなんです。

「作物には心も意思もあって、丹精込めて育てれば応えてくれるんです」

おヒゲの新屋敷さんは胸を張ります。その姿には、荒れた土地をここまでにした自信があふれていました。

実際に研修を受けた、現地の人たちにも話をうかがいました。

エルメラ県という地域で、かつては268人の軍隊の司令官だったという男性。さすが、元リーダーだけあって、口数は少ないけれど、隙《すき》のないスルドイ目をなさっています。

「この農場で、豆や赤唐辛子の栽培を学び、今は地元で農業を始めました」

生活は相変わらず苦しいけれど、以前よりは希望がある、と話してくれました。

銃を鋤《すき》に持ちかえて、元兵士の人たちは必死に生きています。せっかくの支援で農業の技術を学んでも、それを生かせる土地がない、農機具が足りない、給水のシステムがないという、ないないづくしの現実。

東ティモール全土に巨大なパパイヤが揺れる日が来るためには、息の長い援助が必要なのだと思います。

*ODA民間モニター事業　海外における日本のODAの現場を日本国民が視察する外務省主宰の事業。

ガンバレ!! ニッポンの国連人!

東ティモールでは、国連組織で働く、多くの日本人の方との出会いがありました。

ミヤザワさんもそのひとり。滞在が3年を超えるというミヤザワさんは、ご夫妻で国連活動をなさっています。治安も衛生の面でも安全とはいえないこの国でマラリアに2回、デング熱に2回かかってしまったとのこと。特に2回目のデング熱のときは、ヘリでオーストラリアまで移送されるほど危険な状態だったそうです。死のふちをさまよいながらも生還し、また東ティモール復興のために最前線に戻ってきた男。カッコイイ！

彼は英語はモチロン、東ティモールの国語である、テトゥン語も自在に操ります。

郊外を車で走っているときに、十数人の盗賊に囲まれたことがあるそうです。そのとき、テトゥン語で優しく話しかけたら、賊は驚いてその場を立ち去ったということです。

「現地の人が、何を必要としているか。腹を割って話し合うには、地元の言葉がいちばんなんです」

静かに話すけれど、熱い男。ニッポンの国連マンはみな、強い意欲を内に秘めています。だから、危険な地域でも臆《おく》することなく仕事ができるのだと思います。

東ティモールのPKO

近年では、日本の自衛隊が*PKO参加のためにイラクのサマーワに派遣され話題になりました。あまり報道はされませんでしたが、東ティモールにも自衛隊が派遣されていたのはご存じでしたか？　半年交代で2年間、のべ2300人もの隊員が派遣されたそうです。

「今走っているこの道路もあの橋も、自衛隊の人たちが直したんですよ」

UNDPの日本人スタッフがそう教えてくれました。あちこちに穴はあるものの、幹線道路はきちんと舗装されています。2年のあいだに、およそ120か所の道路や橋が補修されたそうです。基本的なインフラ整備は国づくりの第一歩。自衛隊はいいことしているなぁ、と誇らしい気持ちになりました。

もっと頼もしく思えたのは、現地の人々に機械の動かし方や整備の手順などを指導した結果、100名近くのエンジニアが誕生したことです。

私は、自衛隊が使ったブルドーザーやショベルカーなどの機械が残されている現場を見ました。今度は新人エンジニアの皆さんが操る番です。

日本の自衛隊員の皆さんは、お休みの日を利用して保育園や孤児院で子どもたちと触れ合ったり、地域の清掃をしたり、サッカーで現地の人たちと試合をしたりと、さまざまな心の交流をしていたそうです。

視察先のあちこちで彼らになりかわってお礼の言葉をいただいた私は、

東ティモールの地元の人々に、顔が見える日本の援助が行われたのだなと実感して、嬉《うれ》しくなりました。

※ＰＫＯというのはPeace-Keeping Operationsの略で。国連が行う平和維持活動のことです。

イケメン大統領

「僕の心の中にはサッカーが生きている」

日本から持参したサッカーボールをプレゼントすると、とてもきさくな大統領はそう言って私にウィンクしました。

シャナナ・グスマン初代大統領。この国の独立を勝ちとったヒーローです（２００８年現在は首相）。大統領は私の目を見つめ、熱く語ってくれました。

「大切なのはこれからの時間です。憎しみ合うのではなく許すことです」

過去の争いについてあれこれ補償を求めるのではなく、明るい未来について何をすべきか、かつての敵と話し合い、許し合うことが大切だと大統領はおっしゃった。

なんだか、映画の中の名セリフみたい。一国を担《にな》うリーダーは、見た目はモチロン、国民を納得させる自分の言葉を持つことも大事です！

1ドルの重み

「1日1米ドル以下で生活する、とても貧しい人々が世界には6人にひとりいる」

日本に暮らしていると、そう聞いただけではピンとこないと思います。東ティモールで私は、貧しさの中でひたむきに暮らす人たちと出会いました。

現在は閉鎖されているそうですが、首都・ディリにコモロマーケットという大きな市場があり、野菜や果物を売り買いするために大勢の人たちが集まっていました。

午前1時に家を出てきたという女性の話です。

「15歳を頭に、7人の子どもがいるの。子どもたちを学校に行かせたいから、ここで果物を売っているのよ」かなり年配に見えたその女性は、私と同年代の48歳でした。生活の苦労が顔の深いしわににじみ出ています。

「いちばんほしいものはお金」

彼女はきっぱりそう言いました。1日の売り上げは50セントから、5ドル。地方からバスに揺られ半日がかりでやってきて、1日中炎天下で店番をして、売り上げが１００円に届かない日もある。それが貧しさの現実。

東ティモールの学校の月謝は1ドルの管理費のみだそうです。そのお金や教材費も払えず、学校に行くことができない子どもが大勢います。

東ティモールの数少ない輸出品であるコーヒーの産地、マウビシに向かいました。首都ディリからデコボコの山道を車で３時間。

「ここからマウビシ」と書かれた標識を越えると、両側には小指の先くらいの赤い実をつけた木が茂っていました。コーヒーの実です。私が訪れた７月は収穫期でした。

運搬用の馬を連れた少年たちの姿が数メートルおきに見えました。彼らはひたすら赤い実をつんでは、腰につけたカゴに入れていきます。身体が小さく５、６歳に見える子どももいました。みな、学校には行かず、家業のコーヒー栽培を手伝っているのです。

マウビシにあるホーライキ小学校では、３２７人の全校生徒が歓迎の列を組んで迎えてくれました。穴だらけのトタン屋根。狭い教室に子どもたちがあふれています。私は子どもたちにひとつの質問をしました。

「大人になったら何になりたいですか？」

子どもたちは、シーンとしています。誰ひとり手を上げてくれません。

どうしたのかしら？

そして、しばらくしてから気がついたのです。

「そうか、子どもたちは、どんな種類の職業があるのかを知らないのかもしれない」

村にラジオが1台あるかないかのへき地です。子どもたちにとっての仕事とは、農業か、学校の先生か、エンジニア…数えるほどなのでしょう。

情報が少ないから子どもたちがかわいそう、ということではありません。大切なのは、すべての子どもたちがキチンと学校に行かれるように、大人たちが力を合わせることだと思います。

私は子どもたちにサッカーボールをプレゼントしました。1個のボールを追う活気に満ちた子どもたちの声が、山あいの校庭に響きます。

元気いっぱい。好奇心いっぱい。

子どもたちは世界中みな同じです。違っているのは、子どもをとり巻く社会と大人の姿です。

クイズ$ミリオネア

番組への出演を決めたのは、お風呂の中でした。

私のマネージャーさんから、『クイズ$ミリオネア』出演の依頼をいただいたと聞いたとき、とっさに浮かんだのは、みのもんたさんの顔のクロ

ーズアップ。ダメダメ、あの目で見つめられたら、緊張して頭の中が真っ白になっちゃう。まったく自信がないので、お断りをするつもりでした。
でも、待って。お風呂で半身浴をしながら考えました。思いきって出演すれば、テレビを見ている人たちに国際協力のことを少しでも知ってもらえるかもしれない。『ミリオネア』は、うちの息子も大好きだし、日本中の子どもたちが見ている番組だもの。
「もし、１０００万円取ったら、東ティモールに木を植えます！」
たとえ、数秒間でもそんなメッセージを伝えられたら、何か感じてもらえるかもしれません。

独立してまもない国、東ティモールを私が訪れたのは２００４年７月。飛行機の窓から見えた、東ティモールの第一印象は「はげ山の島」。

なぜ木が少ないのか？　それは、庶民の暮らしぶりを見せてもらって、よくわかりました。日々の煮炊きは「かまど」だったのです。

かまどにくべる燃料は木です。住民はみな、山から勝手に木を切ってきて、どんどん燃やしてしまうのです。切ったあとに植林をするというルールもありません。だから東ティモールの山は、はげ山だったのです。

当然ですが、日本のように電気やガスが引かれている家などほとんどあ

コーヒー、マホガニー、かんきつ類など多種多様。

植林する苗木の栽培。

りません。

アジアでいちばん貧しい国、東ティモールのことを多くの人たちに知ってほしい！　東ティモールに緑が増えれば、地球温暖化を防ぐためにもひと役買えるかもしれません。

駄目もとで、『クイズ＄ミリオネア』に挑戦してみよう！　お風呂で、身も心もふやけているときに、誰かに背中を押された気がしました。

番組の収録は、お台場のフジテレビで行われました。スタジオに入ってみると、テレビで見慣れた華やかなセットは、意外にこじんまりした印象でした。

はじめに出される、早押しクイズに正解したゲストから順番に中央のいすに座り、「ミリオネア」に挑戦することができます。私の前に３〜４人の方が、チャレンジしました。

おなじみの音楽と、みのもんたさんのギラギラ輝く瞳がゲストに向けられる、沈黙の時間。そばで見ているだけで、キンチョーします！

でも、いざ自分の番になると、驚くほど落ち着いていられました。今思うと、無欲の境地だったからでしょうか。ひとつひとつ階段をのぼり、あっという間に、１０００万円に挑戦です。

「日本が、このままの人口推移でいくと西暦３０００年の総人口は何人か」という最終問題。「２９０００人、２９００人、２９０人、29人」の４つから答えを選びます。

正直、まったくわかりませんでしたが、どうせ間違えるのなら潔くと思い「29人」を選択しました。なんとそれが大正解！

本当に本当に信じられない瞬間でした。

「ねぇねぇ、ミリオネアのお金って本当にもらえるの？」放送後、何人の方に聞かれたことでしょう。はーい、キチンといただきました。

今、東ティモールで25万本の植林活動が始まっています。住民の皆さん、どうかかまどにくべるのはじっと我慢して、小さな森ができるまで見守ってくださいね。

BEAR PLAY

東ティモールの12歳

1. 誕生日を教えてください
2. 家族構成を教えてください
3. いつもの朝ごはん・昼ごはん・夕ごはんを教えてください
4. あなたの宝物は?(大切なものは?)
5. いつも何をして遊んでいますか?
6. 今まで一番嬉しかったことは?
7. 今まで一番悲しかったことは?
8. お小遣い1ドルもらったら何に使いますか?
9. あなたの願いことは?
10. 将来の夢はなんですか?

イマキュラダ　ソアレスちゃん

1. 12歳です
2. 8人
3. 朝はパンとお茶
昼と夜はお米と野菜
4. 特になし
5. バスケットボール
6. 特になし
7. 家を出てIDPキャンプに行ったこと
8. もらったことがないのでわかりません
9. 学校に行きたい
10. 尼僧になりたい

※IDPキャンプ:国内避難民キャンプ

ホアキム　ソアレスちゃん

1. 12歳です
2. 6人
3. 朝はパン。昼と夜はお米と野菜
4. テニスの才能
5. テニス
6. 外国の子どもたちと遊ぶ機会があったこと
7. 政治的問題から家を離れざるを得ない人々を見たこと
8. お母さんと分けます
10. 勉強して先生になること

Socialist Republic of Viet Nam

ベトナム

ベトナム社会主義共和国

面積　32万9,241km²（日本の約2分の1弱）

人口　8,416万人（2006年）

平均寿命　73.7歳（「2007/2008年版人間開発報告書」UNDP編）

第2次世界大戦後の戦争

1946〜54年　第1次インドシナ戦争。フランスからの独立戦争

1962〜75年　第2次インドシナ戦争。アメリカとのベトナム戦争

1978〜79年　第3次インドシナ戦争。中越戦争、カンボジア侵攻を含む

気候　北部　温帯性　南部　熱帯性

ベトナムあれこれ話

その1　ベトナムの焼き物といえばバッチャン焼き

マーケットでは無造作に、色んなかたちの焼き物が積み重ねられています。「ヤスイヨ、オミヤゲ」と日本語で声をかけてくるのは年配の女性たち。これがバァチャンの売るバッチャン焼き!?

その2　ベトナム美女

ベトナム美女といえばアオザイ。光沢感があるシンプルラインのアオザイから、ちらっとのぞく脚線美。同じ女性でもドキッとする清潔な色気があります。

その3　米粉のヌードル・フォー

ベトナムでは朝にフォーを食べる人もたくさんいます。現地の人しか行かないフォー専門店でとり肉のフォーをいただきました。50円。シンプルにそのまま食べるもよし。ちょっと辛めの香辛料を入れてもよし。あっさりして美味です。

うず潮バイク

２００５年8月、ベトナムの首都・ハノイを訪れていちばん驚いたのは、街中にバイクがあふれていることです。朝夕の通勤ラッシュの時間帯、信号待ちの群集はまるでマラソン大会のスタート地点のよう。青の合図と同時にバイクの波が幾重にも連なり、いっせいに動き出します。

ベトナムはかつてフランスの植民地だったため、道路にも「フランス風ロータリー式交差点」なるものがあちこちに見られます。そこには信号はなく、円形の道路をくるりと回りながら、途中にある行きたい方向の道路に進むというルールです。

慣れない私には、おびただしい数のバイクが、グルグルとうず潮のように回っているように見え、目が回りました。うず潮バイクはさながらサーキットのようで、レーサーたちには若者の姿が目立ちます。絶え間なく響くクラクションの音、エンジン音、巻き上がる排気ガス。猛進する人々。彼らがそのまま、ベトナムの高度成長を支えるエネルギー源のような気がしました。

ベトナム戦争終結30年を過ぎた今、この国の人口の半分以上が戦後世代、すなわち30歳以下の若者です。

おもしろいのは、バイクの３〜４人乗りがまったく珍しくないこと。小さい子どもを前に抱え、後ろにお母さんを乗せて走るお父さん。大きな竹

カゴに生きたニワトリをギュウギュウに詰めこんで走るおばさん。夕方にはおしゃれをしたカップルが仲良さそうにふたり乗りをしています。

今回、案内をしてくれたＵＮＤＰベトナム事務所の若手スタッフのフィアンセは、美しいアオザイ姿でスクーターを運転し、夕食会に現れました。途中、彼女を見て何人の男性ドライバーがハンドルをとられたことでしょう。

でも、ほとんどの女性の場合、紫外線対策と排気ガス対策のために大きなマスクをしたり、マフラーや長い手袋をしたりの、「月光仮面」状態（古い！）。日本だったらカンペキに「怪しい女」。

老若男女、ベトナムのすべての人々にとってバイクや自転車は生活必需品なのです。だから日本製の中古は大人気だし、修理屋さんも多く、旧型の部品もそろうといいます。壊れても壊れても修理を受け、長く愛されるこの国のバイクは、幸せ者かもしれません。

ただ、ハノイの街中の大気汚染は深刻です。大気汚染には国境などなく、近くの国々の環境問題は当然日本にも影響を及ぼすため「カンケイなーい」とはいっていられない大問題です。

でも、発展途上のベトナムでさまざまな問題を解決していくのは間違いなく、うず潮バイクの若いエネルギーです。

ハスの実の味

UNDPは、環境問題にも力を尽くしています。ハイズォン県チーランナムというところで、小学校の校長先生の案内をうけ、バードサンクチュアリ（鳥の保護区）を訪ねました。村の中心部にある、静かな湖のなかにあります。

先生と私は、ノンラー（円錐形《えんすいけい》のベトナムの帽子）に人民服を着た船頭さんが操る木製のボートに乗り込みました。池のまわりの、ところどころに民家が見え、人々の暮らしぶりが垣間《かいま》見えます。水辺で洗濯にいそしむ女性。子豚やニワトリと遊ぶ子ども。水浴びしている子どもたちもいます。ガーガー鳴きながらスイスイ泳ぐアヒルの行列。

「みんな、生きてる」

のどかな風景のなか、ゆるゆると進むボート。こんな瞬間に小さなシアワセを感じます。ボートは、湖の中州にある鳥の楽園をぐるりとひと回りしました。サギの仲間の白い鳥たちが、木になる果物みたいに、そこここにたくさんとまっています。ボサボサのふぞろいの灌木《かんぼく》の中、飛び立つものあり、帰ってくるものあり、とても忙しそう。

この場所は渡り鳥たちの、貴重な越冬の場所です。地域の人々の理解と協力を得て、この環境を守り、流行のエコツーリズムの場所として観光化

し、みんなで少しずつ豊かになっていこうという試みです。

池の端には、ピンク色のハスの花が競うように咲き誇っていました。

「私たちは、ハスの実をおやつや料理にしていただくんですよ」

校長先生が、「こうするのよ」と慣れた手つきでハスの花をつまみ、スルスルと皮をむき実を取り出して手渡してくれました。

小さな丸い実は、ほっこりとしたゆり根のような控えめな甘さです。どんよりとしたねずみ色の雲とモスグリーンの湖、その水面を彩る大きなハスの葉と大輪の花。ハスの上でキラキラ輝く水玉はまるで妖精みたい。サンクチュアリでは、人間の気持ちも優しく守られているように思えました。


ふと、興味がわいて船頭さんに話を聞いてみました。

色が黒くやせた体つきの船頭さんは、ベトナム戦争時代、兵士として戦ったそうです。ひとつの国が南と北に分かれて戦ったベトナム戦争。北の兵士だった彼は、ジャングルに隠れてゲリラ戦をしていたのでしょうか。

口数少ない船頭さんの目が「その時代の話は聞くな」と言っているような気がしたので、それ以上の質問はできませんでした。

静かな鳥の楽園のある村で、戦争の傷を心に残した人たちもまた、静かに暮らしています。

炭鉱マンの魂

映画『フラガール』は、廃鉱に追い込まれた炭鉱の町を再興しようと作られたハワイアンセンターで、新人フラガールたちが奮闘する姿を描いています。いわば、フラガールたちは「消えゆくニッポンの石炭産業」の中から誕生した女性たち。

かたちは違いますが、ニッポンの石炭産業の魂を受けついで働く男たちが、ベトナムにいました。場所は「炭鉱ガス安全管理センター」。世界遺産に指定されているハロン湾から程近いところにあります。

今、ベトナムのエネルギーの大部分は石炭に頼っています。同時に、炭坑での事故もしばしば起こります。１９９９年にはマオケ炭坑というところでガス爆発が起こり、19名の犠牲者が出ました。その事故をきっかけに、炭鉱の安全を守る技術を教えてほしい、という依頼がベトナムから日本に寄せられたのです。

「戦後、日本の炭鉱事故は３００件あまりあり、１７００名もの方が亡くなられています。炭鉱の安全を守る技術は、その方たちの犠牲の下に進歩してきたのです」ＪＩＣＡ（国際協力機構）から派遣されたセンターの所長さんがそう説明してくださいました。日本から６人の炭鉱専門家が派遣され、ベトナムの人たちに指導を行っています。

国際人でもあった建国の父・ホーチミン

「今、日本に坑道掘りの炭鉱はいくつあると思いますか？」

センターの食堂で、昼食のモヤシ炒め定食を食べていた私は、所長さんからそんな質問を受けました。

「えーっ、炭鉱ですか？ まだ、5か所くらいはあるのかしら…」

まったく見当がつかない私です。

「正解は1か所です。いま、日本では北海道の釧路炭鉱だけです」

たった1か所！ 筑豊、夕張など、映画や小説の舞台にもなり、大いに栄えた日本の炭鉱が、もはや1か所だなんて。時代の流れとともに、町も姿を変えていったのです。そう、映画『フラガール』の世界のように。

現在の日本では、炭鉱の安全技術を生かす場所がない。所長さんのお話をうかがって初めて知りました。


炭鉱に活気があるのは、ベトナムだけではなく、中国やフィリピンなど、石炭に頼る国はまだまだたくさんあります。

炭鉱の安全を守る、という日本の得意技が今、いくつもの途上国で生かされています。そして「ヤマ」で生活する炭鉱マン、その家族に安心と安全を届けています。

まさに、日本ならではの援助だなぁと、しみじみ嬉《うれ》しくなりました。

ベトナム友好村

ベトナム戦争が終わったのは１９７５年。30年以上が過ぎた現在でも、その傷あとは残っています。

滞在の最終日、私は戦争中にアメリカ軍がまいた枯葉剤《かれはざい》の被害を受けた人々が収容されているベトナム友好村（フレンドシップ・ビレッジ）を訪ねました。ここは戦争に反対する元兵士の人たち（アメリカを中心にドイツ・フランスなど）と市民が作った施設です。

暮らしているのは、枯葉剤の被害にあった元兵士と子どもたち２００人。子どもたちは、親元をはなれて３年間、不自由な身体のリハビリをしたり、刺繍《ししゅう》や造花作り、パソコンなど、様々な技術訓練を受けています。少しでも手に職をつけて、自立できるようになるためです。

私たちを案内してくださったのは、アメリカ退役軍人のジョンさん。もともと反戦運動家のジョンさんは、世界中から支援を集めながら、自費で枯葉剤の被害者を支援しています。

「ここにいる子どもたちは10歳から18歳。みな、第2世代、第3世代の被害者です」

「それって、実際に枯葉剤の被害を受けた人の子どもや孫にまで影響が出ている、ということですか？」

私の質問に、スポーツマンタイプのジョンさんは、きっぱりした口調で

答えてくれました。
「そうなんです。枯葉剤のダイオキシンは、体の中にたまって、子どもや孫の代にまで影響を及ぼすのです」
何の罪もないのに、生まれながらに戦争の痛みを受けついでしまう子どもたち。その親たちも、行き場のない怒りや苦しみを感じているはずです。ベトナムを訪れるからには知っておかなければいけない事実だと、私は感じていました。

ひとつ目の教室に入って、正直とまどいました。

私の姿を見て興奮したのか、奇声を発する子どもや、教室を動きまわる子ども。脳に障害があったり、足が不自由で歩くことができない子どももいます。強く愛情を求めている気持ちの表れなのでしょうか。数人の子どもは私の腕をギュッとつかんで離そうとしません。

みんなを安心させようと笑顔で教室に入った私でしたが、顔がこわばるのが自分でもよくわかりました。

「どうしよう。どう振る舞えばいいのかしら」

でも、間違いなくみんな私を歓迎してくれているのです。そのあとずっと、何十人もの子どもたちが、ぞろぞろ私の後をついて施設の中を案内し

てくれました。皆、満面の笑顔で、全身で親しみを表しています。

まだまだ母親に甘えたい年ごろの子どもたち。いつしか私は、彼らの気持ちに寄りそっていました。

「おうちに帰りたい」

造花の作り方を習っていた少女がポツリと口にしました。体はやせて細く、髪はほとんどが抜け落ちていました。親元をはなれて2年だそうです。ここにいる子どもたちは、みなさびしさを我慢して支え合って暮らしているのだと思います。そして、ベトナムには同じような障害を持つ子どもたちが、まだまだたくさんいると聞きました。

現在、アメリカでは枯葉剤の使用は禁止されています。

でも、新しい兵器は次々と開発され、戦争の後遺症で苦しむ人々は増え続けています。

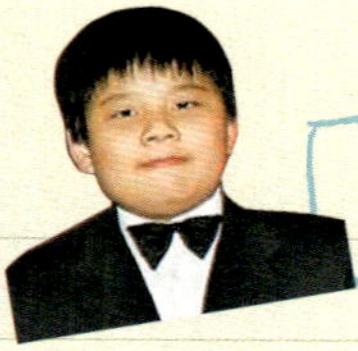

トラン クォック ダイくん

ベトナムの12歳

① 誕生日を教えてください
② 家族構成を教えてください
③ いつもの朝ごはん・昼ごはん・夕ごはんを教えてください
④ あなたの宝物は?（大切なものは?）
⑤ いつも何をして遊んでいますか?
⑥ 今までで一番嬉しかったことは?
⑦ 今までで一番悲しかったことは?
⑧ お小遣い1ドルもらったら何に使いますか?
⑨ あなたの願いごとは?
⑩ 将来の夢はなんですか?

① 1996年5月15日
② おばあさん、お父さんとお母さん
③ 朝は麺類。昼と夜はお米
④ ビデオゲーム　⑤ バスケットボール
⑥ 成長していること
⑦ 授業が増えること　⑧ 貯金します
⑨ 新しいビデオゲームソフトがほしいです
⑩ 英語の先生になりたい

タオ ングィエン フォレちゃん

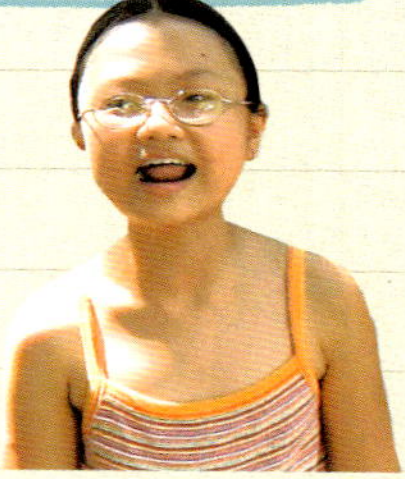

① 1995年9月30日
② 4人、お父さんとお母さんと妹
③ 朝はサンドイッチ。昼と夜はお米
卵が好きだけど食べすぎは体に悪いので
週に1つか2つ食べます
④ 家族と、過去に表彰されたこと
⑤ 勉強する時間が多いので遊ぶ時間は少ないですが、
ピアノを弾いたり、妹とゲームをしたりします
⑥ ひとつは今日は何の問題もないよい1日だったこと
もうひとつは賞をもらったとき
⑦ 競争で負けたこと
⑧ 貯めておいて、本を買ったり友達や家族のプレゼントを買います
⑨ 家族が健康でいること、私の頭がよくなって、みんなが幸せであること
⑩ 私はかわいい、億万長者のセレブリティになります。頭がよくてよい人間になります

トリィン トゥック アンちゃん

① 1995年11月27日　② 5人、おじいさんとおばあさん、お父さんとお母さん
③ 朝はパンにバター。昼はお米とさかな、夜はお米とチキンを食べます。
④ 家族
⑤ 学校ではバスケットボール、夜はオンラインゲームをしています。
⑥ 何年か前の冬休みに家族でハノイにもどって、
家族でテト（旧正月）をお祝いしたこと
⑦ 特にありません。
⑧ よりよく勉強できるように自分用の文房具を買いたいです
⑨ 2学期の勉強がもっとよくできるようになること
⑩ いいお医者さんになりたいです。

Mongolia

モンゴル

モンゴル国

面積　156万4,100Km²（日本の約4倍）

人口　263万5,100人（2007年12月現在速報）

平均寿命　65.9歳（「2007/2008年版人間開発報告」UNDP編）

人口密度　約1.7人／km²（国別では世界最小）

1人あたり国民総所得　880ドル（2006年　世銀資料）

首都ウランバートルの冬の平均最低気温　−30℃以下

モンゴルあれこれ話

その1　馬を見に行く

モンゴルの大草原にはトイレはありません。

言いかえればどこでもトイレです。

モンゴルでは「用を足す」ことを「ちょっと馬を見に行く」と言うそうです。

その2　馬頭琴とホーミー

日本では小学校の国語教科書にものっているモンゴルの民話「スーホの白い馬」。

私も大好きです。少年と白い馬の深いきずなを描いた馬頭琴誕生の物語は、涙なしには読めません。

モンゴルの大草原のゲルの中で、馬頭琴の演奏を聴く機会がありました。

「スーホ」の世界そのままでした。

その3　個室のない家・ゲル

遊牧民のお家であるゲルには個室はありません。

お風呂、トイレ、キッチンもなし。

家族みんなが常にひとつの空間にいるわけです。

私の素朴なギモン「新婚さんはどうするの?」

現地の人いわく「ゲルのひと隅に囲いをするか、別のゲルを建てるかですね」とのこと。

写真提供　UNDP 東京事務所

モンゴルの一村一品

一村一品運動、知っていますか？

１９７９年に大分県知事の発案により始まりました。それぞれの村に特産品を作って、地域を元気にしていこう！　という村おこしの運動です。日本で始まった取り組みが、今、世界に広がっています。

ＵＮＤＰが日本と協力して、モンゴルの特産品作りを始めています。貧しい地域の人々に、もの作りの技術を教え、村の自慢の一品を作り出すプロジェクトです。各地から集まった１４０もの特産品の中から、まず８品が選ばれました。カザフという民族の民芸品やにんにく栽培など。

私はそのなかから、カーペットとはちみつ作りを見に行きました。自宅でカーペットを作っているという、ウランバートル郊外に住む、エンフザヤさんのお宅を訪問しました。27歳のエンフザヤさんは、大学生の夫と３人の子どもたちの生活を支える一家の大黒柱です。はっきりとした顔立ちの美人。長い髪を束ね、ジーンズ姿で私を出迎えてくれました。

「一村一品プロジェクトで、カーペット作りの技術を習いました。育児の合間に家でできる仕事なので、本当に助かっています」

収入はひと月１万４千円。家族でぎりぎり生活ができるそうです。手に職をつけ、自信を持って仕事にはげむ彼女の横顔は明るく、私も応援したい気持ちになりました。お母さんはどんな国でも、どんなにきびしい状況

でも、子どもたちのことを考えて頑張って働いています。母は強し！

はちみつは、ロシアと国境を接しているセレンゲ県の養蜂《ようほう》農家で生産されていました。日本のはちみつは、れんげやアカシアなど花によってみつの種類が分かれているけれど、モンゴル産は、いわばミックス。40種類もの花のみつを吸ったミツバチのはちみつなのです。しかも農薬は使っていない、まさに天然の有機栽培。

製造工程は、実におおらかで、集めたみつを手動の遠心分離器にかけるだけ。青空の下、周囲をブンブン飛び回るハチたちに、ヒヤヒヤしながらいただくはちみつの味は格別で、元気が出ました。

25人の地域の皆さんが協力して、モンゴル産のはちみつ作りを始めたそうです。世界の中で、勝負するにはまだまだこれからです。

でも、「大草原のはちみつ」なら、なめてみたくなりませんか？　大いに可能性はあるゾ！

日本で生まれた一村一品運動が、世界中に広がって、多くの人々の希望の種になりつつある。なんだか嬉《うれ》しくなります。途上国の人たちに、ニッポンのいいところがどんどん伝わってほしいと思います。

モンゴルとニッポン

今日、日本の大相撲はモンゴル人力士抜きには語れません。現在、モンゴル出身力士は30名余りもいるそうです。モンゴル全土に日本の大相撲が中継され、うわさどおりの大人気だということが、訪問してよくわかりました。

まず、首都でも地方でも、お相撲さんのポスターをよく目にします。あ、あれは朝青龍、向こうのビルの巨大な写真は白鵬だわ、というふうに。国民的スターは地元のＣＭでも引っ張りだこのようです。

ウランバートルに、日本のＯＤＡでできた「モンゴル日本センター」という施設があります。お互いの国の理解を深めるために作られたもので、一階のロビーには、大相撲の番付が貼られ、テレビ中継が始まるとたくさんの人が集まるそうです。遊牧民のゲルにも、テレビとパラボナアンテナがある家が多く、みな大相撲を楽しみにしています。

モンゴル人のほとんどが、力士のしこ名や日本語の決まり手を知っているというから、人気は日本以上かもしれません。

私がびっくりしたのは、あちこちに朝青龍関がいること!? 実に、朝青龍そっくりの顔立ちの人が多いのです。おじさんはもちろん、おばさんも子どもも朝青龍フェイス！ なんだかとても親しみを覚えます。

世界の中でも有数の親日国であるモンゴル。つながりは大相撲だけではありません。悲しい歴史もあります。

ウランバートルの中心でオレンジ色に輝く国立オペラ劇場は、第2次大戦後、日本人捕虜によって建てられたものです。1万3847人もの人がここで働かされ、2年の間にその1割の方が亡くなられました。

そして今。モンゴルの最大の援助国は日本です。1991年以降の外国からの援助のうち、およそ7割が日本からの支援です。火力発電所の修理をしたり、水道、鉄道など国づくりに必要な援助から、学校や病院、環境保護対策などの人々の生活に身近なものまで、幅広い支援が行われています。

モンゴルと日本の深いご縁もあり、私は滞在の最終日にモンゴルの大統領にお目にかかれることになりました。

エンフバヤル大統領は、がっちりした体格で、大人《たいじん》の風格のある方です。2004年10月に発生した新潟中越地震のときにはモンゴル政府として、520枚の毛布と一般市民からの約600万円もの義援金を送ってくださったそうです。貧しい人々を多く抱えながらも、いざというときは困っている友好国に救いの手を差しのべる。それが、国際協力のいいところ。

最初に私はそのお礼を申し上げました。そして、モンゴル訪問での活動を報告したあと、大統領から質問を受けました。

「ところで馬乳酒は召し上がりましたか？」
「残念ながらまだなんです」
馬乳酒とは、アイラグと呼ばれる馬の乳。馬乳というのは牛乳と違い、そのまま飲むとお腹をこわしてしまうので、発酵させて飲みます。わずかにアルコール分があるので、お酒には違いないのですが、モンゴルの人にとって大切なビタミン源。大人も子どもも毎日たくさん飲むそうです。

訪問を終えてホテルに戻ると、支配人さんがソワソワとこわばった表情で私の部屋にやってきました。

「大統領からのお届けものがあるのですが…」

うやうやしく差し出されたそれは、大きなガラスのビンに、なみなみ注がれた馬乳酒でした。大統領からじきじきのご厚意、喜んでいただきます！

さっそく、勢いよく飲み干しました、といいたいところですが、ひと口ふくむと、かつて経験したことのない酸味と古びた乳の香り。お味に慣れるには少々時間がかかりそう。

しばらくたって、日本の皇太子殿下がモンゴルの遊牧民を訪問され、馬乳酒をふるまわれる映像をニュースで拝見しました。深めの皿に注がれた馬乳酒を、一気に飲み干された皇太子さまは、満面の笑みで「おいしいですね」とおっしゃったのです。

皇太子殿下の親善訪問の姿に、私は学ばせていただきました

カシミア大好き！ だけど…

ひんやりした空気を感じた冬の朝、袖を通すのはカシミアのセーター。軽くてやわらかくてお手ごろ価格のタートルネックは私の定番です。カシミアはモンゴルの特産品。首都のウランバートルには専門店がいくつもあります。日本では高価で手が出ない良質のものがたくさんあって、目移りしちゃいます。

短い買い物の時間で私は、モンゴルの空の色、ブルーのマフラーを購入しました。モンゴルの人々のハートと同じくらい暖かく私を包んでくれています。

そのカシミアが、地球温暖化の原因のひとつ、と聞いたらみなさん驚きませんか？

モンゴルの遊牧民は、いろいろな種類の家畜を飼って生計を立てていま

す。牛、馬、ラクダ、羊、ヤギ。ヤギにもいろんな模様があって、黒ヤギさん、白ヤギさん、茶ヤギさん、ぶちヤギさん…ながめているだけでおもしろいんです。これらの家畜をバランスよく飼っている人が多いのですが、最近、ヤギだけをたくさん飼う遊牧民が増えているそうです。

それは、カシミアをとるため。羊からとる羊毛よりも、ヤギからとれるカシミアのほうがずっと高く売れるのです。日本の私たちは暖かいセーターが着られて、モンゴルの人たちは収入が増える。なによりなにより…と言いたいところですが、モンゴルにヤギが増えすぎて、草原の砂漠化が進んでいるというです。

雑食であるヤギは、どんな草でも根っこまでぜーんぶ食べてしまいます。ほかの家畜も草を食べるけれど、好む草があったり、やわらかい上のほうだけ食べたりと決まっています。でもヤギは、好き嫌いなくなんでも食べちゃう。木を切りすぎてはげ山になるのと同じように、モンゴルの草原ははげ原野？になりつつあるのだそうです。毎年春になると日本にやってくる黄砂も、モンゴルや中国の砂漠化が原因のひとつといわれています。

カシミアのセーターは大好きだけれど、モンゴルの草原はいつまでも緑に輝き続けていてほしい。

待つ暮らし、待てない暮らし

でも、嬉《うれ》しいニュースもあります。モンゴルで砂漠化を防ぐため、牧草の栽培が始まっているということです。

モンゴルの人々は「待つ暮らし」をしているとUNDPのスタッフが話してくれました。

家畜のえさ場を求めて長い距離を移動する遊牧の人々。貧しくて学校に通えない子どももいるけれど、遊牧民の子どもたちはたいてい、町にある寄宿制の学校に入ります。

だから、家族は夏休みや冬休みに子どもたちが帰ってくる日を待ちわびています。

収入の源である家畜が丈夫に育ち、乳や毛を提供してくれる日をじっと待ちます。

長く厳しい寒さの冬、春が来る日を待ち続けます。

何ごとも待って耐えれば、そのうちいいことがあると信じて生きている、モンゴルの人々。

その生活の対極にいるのが、私たちニッポン人のような気がします。

とりわけ都会人はその最たるものかもしれません。

生活のすべてがコンビニエンスで当たり前だから、ささいなトラブルでイライラする人たちがいっぱいいます。

電車のちょっとした遅れで怒る人。青信号で車の発進が数秒もたついただけで鳴らされるクラクション。

食べ物にも季節感がうすれ、真冬でもスイカが手に入り、小腹がすいたら、コンビニでおにぎり、のどが渇けば自動販売機でハイ、どうぞ。

調べたいことがあれば、パソコンでささっと検索。

とても便利で待たずにすむ暮らしが当たり前になったけれど、本当にそれでいいのかな、と時々思います。

待てない、ということは待つことで得られるよろこびを失った、ということでもあります。


じっと待つ暮らしのモンゴルと、待てないニッポン。

どちらがよいということではありません。でも、日本とはまったく違う環境で暮らしている人たちが、世界中にたくさんいる。それを知ることが国と国との助け合いの、始めの一歩になる。

そんな気がします。

あなたに見せたい

モンゴルといえば、最初に思い浮かぶのは、見渡すかぎり３６０度どこまでも続くなだらかな緑の大地。私がモンゴルの大草原を目の当たりにして、いちばん強く思ったのは「この風景を日本の子どもたちにも見せてあげたい」ということでした。

そして永遠の青、「エターナルブルー」といわれるモンゴルの空。空がこんなにも広いのだと、あらためて感じました。青と緑の、シンプルだけど味わい深いふたつの色の景色が忘れられません。

首都のウランバートルは、モンゴルの全人口２６０万人のうちの半数近く、１００万人が集中しています。ビルが林立し、車もたくさん走っていて、大気汚染が問題になるほどの大都会です。

でも、そこから車で10分も走れば、大草原が広がっています。私が訪れたのは8月の終わりで、青々とした緑が少しずつ色あせ始める季節の変わり目でした。広大なモンゴルで、いくつもの村の様子を見せていただくために、車で何時間も移動する毎日です。地平線まで続いている、一本道を

どんなに走っていっても、草原の風景はほとんど変わりません。

でも、退屈することはありませんでした。

緑の世界に、ぽつん、ぽつんと真っ白な遊牧民のゲルが見えます。家畜の群れも見えます。時折、馬に乗った遊牧の民が、牛や羊を追って道を横切ります。動物たちがのんびりと歩みを進める姿を、ずっとずーっと眺めていたくなる、静かな時間。

私の目の前に広がる風景は、このモンゴルの大地で何百年も変わらず受けつがれてきたものなのです。そう思うと、自分がその場所に立っていることが、永い時間のほんの一瞬なんだな、なんて思いもわいてきます。

夜は満天の星。

私は、ひと晩だけ旅行者用のゲルに泊まりました。白い円筒形のゲルが、程よい間隔で数棟並んでいるだけ。周囲は灯りひとつありません。夏だというのに震えるほどの寒さのなか、草の上に寝ころんで夜空を見上げました。うす雲のような天の川が、頭上にたなびいています。目をはなさずに一定の方角をながめていると、流れ星をいくつも見つけられます。

あっ、流れた!

あまりにも一瞬で、願い事をしている暇はありません。でも次の流れ星を待たずにいられません。

日本から飛行機に乗ってわずか5時間の国に、こんなにも美しい風景がひろがることを、子どもたちに見せたいなぁと思います。
そして厳しい自然とともに生きる人たちの暮らしぶりも知ってほしい。
ニッポンの子どもたちの心にどんな思いが目覚めるか、想像するだけでわくわくします。

モンゴルの12歳

1 誕生日を教えてください
2 家族構成を教えてください
3 いつもの朝ごはん・昼ごはん・夕ごはんを教えてください
4 あなたの宝物は?(大切なものは?)
5 いつも何をして遊んでいますか?
6 今までで一番嬉しかったことは?
7 今までで一番悲しかったことは?
8 お小遣い1ドルもらったら何に使いますか?
9 あなたの願いごとは?
10 将来の夢はなんですか?

ムング ツェツェグ ツコレントツンジちゃん

1 1995年10月26日
2 お父さんとお母さんとお兄さん、お姉さん、おばあちゃんがふたり
3 朝は軽い食事をとります。お昼はしっかりと食べて夜はお菓子を食べます
4 学校の勉強と大切な人々
5 コンピューターゲーム
6 お誕生日にプレゼントをもらったことと、勉強でよい点を取ったとき
7 勉強の点数が悪かったこと
8 半分はよいことのために、半分は自分のために使います
9 病院を創立すること
10 医者になりたい

アンガー コス-エルデンくん

1 1995年9月13日
2 おじいちゃん、おばあちゃんと弟
3 朝は卵、お昼はローラーズ、夜はお米製品を食べます
4 家族　5 サッカー　6 お誕生日
7 病気になったとき
8 貯金して、チャリティに使います
9 きれいな環境に住むこと
(注釈:ウランバートルは世界でもっとも寒い都市のひとつで、大気汚染が問題になっているところです)
10 モンゴルを開発すること

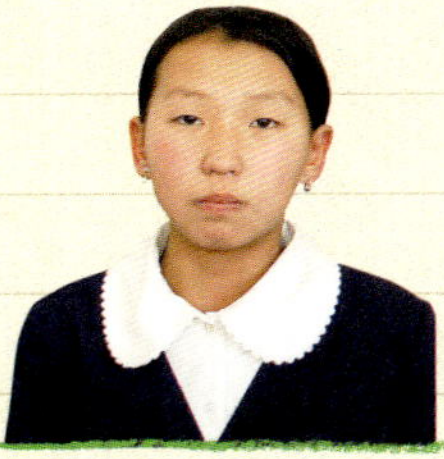

ナンディンツェ ツェク ガンクラブちゃん

1 1995年12月23日
2 おじいちゃん、おばあちゃんと住んでいます
3 朝はパン、お昼と夜は汁そばを食べます
4 おじいちゃんとおばあちゃん
5 縄跳びをときどきします
6 学校にはじめていった日
7 特にないです　8 本と洋服を買います
9 よい成績で学校を卒業すること
10 有名な運動選手になること

UNDPってなぁに？

United Nations Development Programmeの略で、日本語では「国連開発計画」といいます。

UNDPは、日本でよく知られているユニセフやユネスコと同じ、国連機関のひとつ。

現在、世界166の開発途上国や地域で、国づくりや人づくりのための「開発援助」を行っています。

UNDPが行う開発援助とは例えるなら、困っている人にお米をあげるのではなく、お米の育て方を教えること。

つまり、長い目で見て、その国の人たちが自分たちの力で豊かになれるように行う援助だと、私は理解しています。

具体的には、民主的な国づくりのための司法制度や選挙制度へのアドバイス、貧困を削減するための職業訓練、環境・エネルギー問題、HIV/エイズ予防のためのプロジェクトなどです。

UNDPは1966年、2つの国連技術協力機関がまとまる形で発足しました。本部はニューヨークにあります。

現在、もっとも力を入れている取り組みのひとつが、ミレニアム開発目標（MDGs）の2015年までの達成です。

詳しくはUNDPのウェブサイト　http://www.undp.org/（英語）、
UNDP東京事務所のウェブサイト　http://www.undp.or.jp
をご覧ください。

ミレニアム開発目標（MDGs Millennium Development Goals）てなあに？

2000年9月にニューヨークで開催された国連ミレニアム・サミットに参加した147の国家元首を含む189の加盟国代表は、21世紀の国際社会の目標として「国連ミレニアム宣言」を採択しました。

このミレニアム宣言は、平和と安全、開発と貧困、環境、人権と良い政治、アフリカの特別なニーズなどを課題として掲げ、21世紀の国連の役割に関する明確な方向性を提示しました。

そして、国連ミレニアム宣言と1990年代に開催された主要な国際会議やサミットで採択された国際開発目標を統合し、ひとつの共通の枠組みとしてまとめられたものがミレニアム開発目標（MDGs）です。

ミレニアム開発目標（MDGs）が掲げる8つの目標

1　極度の貧困と飢餓《きが》の撲滅《ぼくめつ》

2　普遍的初等教育の達成

3　ジェンダーの平等の推進と女性の地位向上

4　乳幼児死亡率の削減

5　妊産婦の健康の改善

6　HIV/エイズ・マラリア、その他の疾病《しっぺい》の蔓延《まんえん》防止

7　環境の持続可能性の確保

8　開発のためのグローバル・パートナーシップの推進

UNDPは各国のMDGs達成を支援しています。

このMDGSロゴは（特活）「ほっとけない世界の貧しさ」がMDGsを広げるために作成いたしました

（参考資料/UNDP東京事務所紹介パンフレット）

おわりに

親善大使としての10年を振り返って浮かんでくるのは、援助の現場で出会った人たちの、顔・顔・顔です。「平和を創る」仕事に携わるすべての人たちに、敬意を表したいと思います。

援助をする人、受ける人。みんな、平和に暮らしたいという思いは同じ。それは「ひとりひとりの心の中を平和にしていくこと」の積み重ねのような気がしています。

ＵＮＤＰが行っている「開発援助」は、子育てに似ている、と思います。

地味で成果が出るまでには時間がかかるけれど、何よりも大切なことではないでしょうか。

親善大使の役割を担って一番変わったことは、ささやかなことにもありがたいと感じるようになったことです。

水道の蛇口をひねると、安全な水が出る、スイッチひとつで電気がつく、温かいお風呂に入れることや家族そろって食事ができること。日本では当たり前に思えることが、日本を出ると当たり前ではないからです。

「Think Globally Act Locally」という言葉が好きになりました。世界を視野に入れつつ、自分たちの生活の中でできることを考えて、行動していくということ。

自分に与えられた時間を、自分のためや愛する人のために使うことはもちろんのこと、見知らぬ誰かのために使ってみる。それがごく当たり前の社会になるように、これからも肩の力を抜いてできることを、続けて行きたいと思っています。

この本が読者の皆さんの、何かを始めるきっかけになれば本当に嬉しいです。

「ラララ親善大使」が世に出るにあたって、たくさんの方たちの力をお借りしました。

「本を出版したい」という私の申し入れに快く応えて下さった、小学館の赤星さん、杉本さん、親しみやすいデザインを考えてくださった安富さん、ありがとうございました。なかなか原稿が進まない私を常にサポートして下さったウィンダムの鈴木さん、いつも視察に同行し的確なアドバイスを下さる広瀬さん、記録映像を担当するアマゾンのスタッフ、そしてＵＮＤＰ東京事務所の皆さん、大変お世話になりました。

最後に、ボランティアの公式カメラマンとして一番近くで支えてくれた夫に、心から感謝します。ありがとう。

２００８年卯月　紺野美沙子

協　力

●国連開発計画（UNDP）
　東京・カンボジア・パレスチナ・ブータン・ガーナ・東ティモール・ベトナム・モンゴル事務所
●外務省・国際協力局
●在外日本国大使館
　カンボジア・イスラエル・ガーナ・東ティモール・ベトナム・モンゴル
●独立行政法人　国際協力機構（JICA）
●国際協力銀行（JBIC）
●財団法人　国際協力推進協会（APIC）
●株式会社アマゾン

※各国・地域の12歳の子どもたちの名前のカタカナ表記は、UNDP東京事務所が独自に作成したものです

この本の収益の一部は、紺野美沙子が訪問した国や地域の援助活動に役立てられます。

ラララ 親善大使

2008年5月25日　初版第一刷発行

著者　紺野美沙子

撮影　篠田伸二
装丁・本文デザイン　安富映玲奈
編集　鈴木史子（㈱ウィンダム）
杉本　隆

発行者　黒川和彦
発行所　株式会社 小学館
〒101-8001　東京都千代田区一ツ橋2-3-1
03-3230-5406（編集）　03-5281-3555（販売）

制作企画　大栗好喜
資材　馬場美宣
宣伝　山崎俊一
販売　新里健太郎

印刷所　共同印刷株式会社
製本所　牧製本印刷株式会社

ISBN978-4-09-387785-5